Maximilian Seefelder
Christliche Bräuche und Traditionen

topos taschenbücher, Band 878
Eine Produktion des Verlags Friedrich Pustet

Maximilian Seefelder

Christliche Bräuche und Traditionen

Mehr Freude im Leben

topos taschenbücher

Verlagsgemeinschaft topos plus
Butzon & Bercker, Kevelaer
Don Bosco, München
Echter, Würzburg
Lahn-Verlag, Kevelaer
Matthias Grünewald Verlag, Ostfildern
Paulusverlag, Freiburg (Schweiz)
Verlag Friedrich Pustet, Regensburg
Tyrolia, Innsbruck

Eine Initiative der Verlagsgruppe engagement

Bibliografische Information der Deutschen Nationalbibliothek
Die Deutsche Nationalbibliothek verzeichnet diese Publikation in der
Deutschen Nationalbibliografie; detaillierte bibliografische Daten
sind im Internet über http://dnb.d-nb.de abrufbar.

2014 Verlagsgemeinschaft **topos** plus, Kevelaer
Das © und die inhaltliche Verantwortung liegen beim
Verlag Friedrich Pustet, Regensburg

Einband- und Reihengestaltung | Finken & Bumiller, Stuttgart
Herstellung | Friedrich Pustet, Regensburg
Printed in Germany

ISBN: 978-3-8367-0878-4
www.toposplus.de

Inhalt

Für Lene,
die im halbleeren Glas immer das halbvolle erkennt.

Vorwort

Liebe Leserin,
lieber Leser!

Ich freue mich, dass Sie sich von diesem Buchtitel angesprochen fühlen. Sie lesen das Vorwort oder blätterten vielleicht bereits zwischen den Seiten. Das ist erfreulich. Denn dieses Buch will Ihr Interesse für ein Thema wecken, das Sie Ihr Leben lang begleitet: das Thema „Bräuche und Traditionen".

Wir sind umgeben von christlich geprägter Kultur. Wir alle sind eingebunden in entsprechende Traditionen und leben mit Bräuchen. Häufig ist uns das nicht bewusst. Deshalb will ich diesem Thema Aufmerksamkeit schenken und auch Ihren Blick darauf lenken, denn Bräuche und Traditionen sind nützlich – sie zu pflegen und zu leben, macht sie zum Erlebnis. Sie stiften Identität und fördern Gemeinschaft. Gelebte Traditionen sind heilsam: Der bewusste Umgang mit dieser Einsicht kann auch Ihr Leben bereichern.

Verstehen Sie mich bitte richtig: Ich verspreche Ihnen hier nicht materiellen Reichtum, höheres Einkommen oder andauerndes Glück. Sie werden durch die Lektüre dieses Buchs weder jünger noch attraktiver. Ich kann und will Ihnen lediglich einen Zugang zu jenen Freuden bescheren, die ein traditionsbewusstes und kultiviertes Leben mit sich bringt.

In diesem Buch stelle ich Ihnen funktionierende Bräuche und Traditionen vor. Ich habe Beispiele für Sie gewählt, die nicht überlebt sind. Obwohl die meisten Traditionen seit vielen Generationen praktiziert, ja im Wortsinn „gebraucht" werden, haben sie ihre Bedeutung nicht verloren. Das liegt zum einen daran, dass sie eine spirituelle Botschaft besitzen, die sich nicht so schnell abnützt. Zum anderen vollzogen manche einen behutsamen Wandel und blieben so auch für eine moderne Gesellschaft (er)lebbar. Solche Entwicklungen werde ich hier skizzieren, ohne mich jedoch in historischen Details zu verlieren. Wer sich vertieft mit den kulturgeschichtlichen Hintergründen befassen möchte, findet im Anhang weiterführende Literatur mit nützlichen Hinweisen.

Mir liegt vor allem eines am Herzen: Ich will Ihnen von der Bedeutung und vom Gebrauchswert unserer Traditionen erzählen. Ich möchte Sie für deren Anwendung gewinnen. Entdecken Sie deren Vielfalt, die Sie ständig umgibt! Werden Sie sich so Ihrer kulturellen Identität bewusst. Auch Sie verfügen jederzeit über ein großartiges Kulturgut und können jederzeit daraus schöpfen. Gestalten wir unseren Alltag und die Festtage auf diese Weise reicher – das wird das Leben mit mehr Freude und Sinn erfüllen. So steigern Sie Ihre Lebensqualität. Diese ist nämlich keine Frage des Geldbeutels, sondern die Folge der eigenen Geisteshaltung. Vielleicht hilft Ihnen dieses Buch dabei.

Ich lade Sie deshalb ein auf eine Entdeckungsreise. Sie führt in die Welt unserer kulturellen Überlieferung. Der Gewinn liegt darin, sie wahrzunehmen und zu nutzen. Auf unserer gemeinsamen Reise wünsche ich Ihnen viele neue Erkenntnisse, die Ihre Lust wecken, mit Traditionen bewusster zu leben und gute Bräuche wieder zu pflegen.

Maximilian Seefelder

1 Einleitung

Wir alle leben mit Traditionen

Jeder ist eingebunden in Traditionen. Das ist uns aber vielleicht nicht bewusst. Deswegen will ich hier ein paar Beispiele nennen.

Tradition beginnt schon im Namen. Selbstverständlich haben auch Sie mindestens zwei Namen. Der Familienname zeigt die Zugehörigkeit zu einer bestimmten Familie auf. Der Vorname gibt uns eine eigene Identität und unterscheidet uns namentlich von den übrigen Familienmitgliedern.

Aus Traditionsgründen wählen Eltern häufig den Namen von Vorfahren oder Paten. Viele Menschen tragen auch Namen von Heiligen oder biblischen Figuren, denen besondere Tugenden zugeschrieben wurden. Außerdem wollen viele Eltern ihre Kinder gerne unter den Schutz von Namenspatronen gestellt wissen.

Sofern Sie im christlich-abendländischen Kulturkreis geboren wurden, haben Ihre Eltern Sie wahrscheinlich taufen lassen. Mit dem Sakrament der Taufe wird man in die christliche Gemeinschaft aufgenommen. Damals waren Sie bereits Hauptperson eines religiösen Ritus, der mit der anschließenden Familienfeier auch weltlich begangen wurde. Gewiss, Sie können entgegnen, dass Sie als Säugling keinen Einfluss auf diese Entscheidung hatten, später nie religiös waren und deswegen nichts mit christlichen Traditionen zu tun haben. Ich kann genauso gut ein anderes Beispiel wählen: Wie verhalten Sie sich im Todesfall von Verwandten, Freunden oder Bekannten? Nehmen Sie, traditionsgemäß, an der Totenmesse teil? Gehen Sie zur Beerdigung, wie es Brauch ist? Kondolieren Sie oder spenden Sie den Angehörigen Trost? Tragen Sie beim Begräbnis helle Kleidung, oder wählen Sie dem Anlass angemessene Kleidung, weil es die Sitte fordert?

Man mag einwenden: Beerdigungen sind Ausnahmefälle. Gut, wie halten Sie es dann bei Geburtstagen oder Jubiläen? Gratulieren Sie? Beschenken Sie die Jubilare, wenn es sich aufgrund verwandtschaftlicher, menschlicher Verbundenheit oder des Anlasses wegen „so gehört"? Weil es „so üblich" ist oder weil man das „so macht"? Genau solche Verhaltensregeln gibt die Tradition vor. Führen Sie sich das bitte vor Augen.

Schenken Sie zu Weihnachten und werden Sie beschenkt? Ziert in der Adventszeit ein Kranz Ihr Heim oder Ihren Arbeitsplatz? Stellen Sie einen Christbaum auf? Haben Sie schon einmal Christstollen oder Weihnachtsplätzchen genossen? Warum sind Oster-, Pfingst- und Weihnachtsfesttage wohl schul- und arbeitsfrei? Weil wir in einem Kulturkreis leben, dessen Tradition dies vorsieht und eigene Bräuche kennt.

Ich könnte meine Fragen beliebig fortführen, aber ich glaube, Sie haben es längst gemerkt: Auch Sie sind in ein ganzes Geflecht von Traditionen eingebunden. Unsere Kultur ist reich daran und der Anteil, der in unser Leben hineinspielt, ist beträchtlich.

Jeder kann ein kultivierter Mensch sein

Reden wir an dieser Stelle über Kultur. Wie halten Sie es mit der Kultur? Möglicherweise entgegnen Sie mir: Mit Kultur habe ich nichts am Hut, ich treibe lieber Sport. Ich gratuliere Ihnen, denn Sport ist gesund, solange man nichts übertreibt. Frage ich Sie aber an dieser Stelle, ob Sie ein kultivierter Mensch sind, werden Sie meine Frage wohl mit einem „Ja" beantworten. Und abermals stimme ich Ihnen zu. Sie sind ein kultivierter Mensch, selbst wenn Sie Ihre Freizeit mehr im Fitnessraum oder auf dem Trainingsplatz anstatt im Konzertsaal verbringen. Denn was keiner von uns vermag, ist dies: unsere kulturelle Identität und Traditionen abzulegen. Ich will Ihnen an dieser Stelle den Blick dafür öffnen.

Wer Menschen quer durch alle Altersgruppen fragt, was sie unter Kultur verstehen, hört meistens eine Aufzählung: Musik, Theater, Kunst, Literatur etc. Vielleicht differenzieren manche der Befragten noch zwischen klassischer und moderner Musik, zwischen Malerei und Bildhauerei oder Lyrik und Prosa. Dies spielt jedoch keine Rolle. Was die Befragten meinen, ist Kunst. Überspitzt gesagt, sie verwechseln „Kultur" mit „Kunst". Viele Menschen ahnen nicht, dass diese Sichtweise überholt ist: Das Bildungsbürgertum vergangener Jahrhunderte vertrat diese Auffassung. Dessen Kulturbegriff war eng und hat Kultur auf Kunst reduziert. Doch wie einseitig wäre unser Leben, bestünde Kultur allein aus Kunst?

Ich möchte hier keinesfalls die Künstler vor den Kopf stoßen. Kunst ist etwas Wunderbares, sie steigert die Lebensqualität vieler Menschen, und auch mein Leben bereichert sie enorm: Ich gehe häufig ins Theater, besuche Konzerte und Ausstellungen. Ich musiziere und lese gerne und erfreue mich an den unterschiedlichen Kunstsparten.

Kunst ist ein wesentlicher Bestandteil unserer Kultur – aber Kultur ist viel mehr. Engen wir unser Kulturverständnis also nicht ein. Erweitern wir unseren Horizont mit einem zeitgemäßen Kulturverständnis. Dazu zählt, wie wir sprechen, was wir essen und trinken, wie wir uns kleiden, was wir glauben, wie wir bauen und wohnen, welcher Handwerksgeräte und Techniken wir uns bedienen, welche landwirtschaftlichen Produkte wir anbauen, was wir wie produzieren, wie wir unsere Freizeit gestalten, mit welchen Traditionen wir leben, welche Feste wir feiern und welche Bräuche wir praktizieren, wie wir miteinander umgehen – mit den Nächsten, den Schwächeren und den Stärkeren.

Möglicherweise fällt Ihnen hierzu noch mehr ein, sodass Sie diese Aufzählung um weitere Beispiele ergänzen können. Die Liste ist aber auch so ausreichend lang, um eines zu zeigen: Unsere Kultur besteht nicht allein aus Kunst, die von wenigen Genies produziert und einem Teil der Gesellschaft konsumiert wird. Es geht darüber hinaus auch und vor allem um unsere gelebte Kultur, um unsere kulturelle Identität.

Erneut will ich das mit Hilfe eines Beispiels näher verdeutlichen. Im Zeitalter der Globalisierung können sich die meisten von uns mit der Weltsprache Englisch beinahe überall auf dieser Erde verständigen. Ansonsten sprechen wir unsere jeweiligen Landessprachen. Das unterscheidet in Europa die Deutschen von den Italienern. In der Bundesrepublik Deutschland sprechen die Ostfriesen einen anderen Dialekt als die Baden-Württemberger. Im Bundesland Bayern reden die Oberfranken anders als die Oberbayern. Und im Regierungsbezirk Niederbayern unterscheidet sich die Hallertauer Mundart hörbar von der des Bayerischen Walds. Etwa 2000 Ortsdialekte werden allein in Bayern noch gesprochen, die sich teilweise deutlich oder durch feine lautliche Nuancen unterscheiden. Unsere Sprache ist ebenso wie unsere Mundarten ein wesentlicher Teil unserer kulturellen Identität. Anders gesagt: Kulturelle Identität ist *hörbar*.

Ich wähle ein weiteres Beispiel: Wahrscheinlich können wir heute überall auf der Welt die kulinarischen Standards Spaghetti, Kebab und Sushi genießen. Trotzdem sprechen wir von der regionalen und der Landesküche und wissen, was damit gemeint ist. Schleswig-holsteinische Hausmannskost schmeckt anders als die Gerichte einer schwäbischen Bäuerin. Und das ist gut so. Kulturelle Identität geht auch durch den Magen. Sie ist *genießbar*.

Kultur unterscheidet sich interkontinental, landes- und landstrichweise, manchmal sogar von Ort zu Ort, wie uns Mundarten hören lassen. Diese jeweiligen Eigenheiten verleihen uns unsere kulturelle Identität, die wir mit den Menschen unserer Heimat teilen. Je mehr Globalisierung wir einerseits erleben, umso wichtiger wird diese Identität andererseits, und umso häufiger besinnen sich die Menschen auch wieder darauf. Dieses Verhaltensmuster ist eine Reaktion auf die globale Nivellierungstendenz. Eigenheit zu bewahren schafft Vertrautheit und gibt Sicherheit in einer Welt, die uns gelegentlich überfordert. Das hat nichts mit Ideologie zu tun, genauso wenig wie nationale Identität mit Nationalismus und das Wissen um regionale und örtliche Zugehörigkeit mit Heimattümelei zu verwechseln sind.

Ich möchte es so formulieren: Ich bin Niederbayer und zugleich Bayer, Deutscher, Europäer und Weltbürger. Wenn Sie Ähnliches von sich behaupten, aus welchem Winkel dieser Erde Sie auch immer stammen, können Sie sich Ihrer kulturellen Identität gewiss sein – Sie werden kulturelle Zugehörigkeit als Wert erkennen. Mit diesem Bewusstsein ausgestattet werden Sie sich an Ihrer eigenen Kultur und ihren Traditionen erfreuen und den Wert anderer Kulturen achten. Das zeichnet einen kultivierten Menschen aus, und darauf darf man getrost stolz sein.

Was „Tradition" bedeutet

Das Fremdwort „Tradition" wird übersetzt mit „Überlieferung, Herkommen, Brauch, Gepflogenheit". Es wurde im 16. Jahrhundert aus dem Lateinischen entlehnt. Das Hauptwort *traditio* heißt „Übergabe, Überlieferung"; das dazugehörige Tätigkeitswort lautet *tradere* und bedeutet dementsprechend „übergeben, überliefern". Der Begriff „Tradition", den wir alle verwenden, bezeichnet also Gepflogenheiten, die zu bestimmten Anlässen regelmäßig ausgeübt werden, und zwar innerhalb einer Gemeinschaft. Solche Gepflogenheiten nennen wir „Bräuche"; genauso gut können wir von Handlungsmustern sprechen. Sie zeichnen sich durch einigermaßen festgelegte Abläufe aus, die meist über Generationen hinweg überliefert sind, aber von Zeit zu Zeit auch angepasst werden.

Vom Schriftsteller Martin Kessel stammt der kluge Satz: „Nicht in der Nachahmung der Tradition, in der Auseinandersetzung mit ihr liegt der Gewinn."

Ich sehe es so: Tradition ist weder Dogma noch Gesetz. Sie verpflichtet uns nicht zwangsläufig zur Nachahmung und Aufrechterhaltung überholter Sitten. Bräuche, welche die Gesellschaft nicht mehr für notwendig erachtet, pflegt sie nicht mehr. Was nicht mehr gebraucht wird, verliert Funktion und Sinn – in solchen Fällen ist eine Gesellschaft vollkommen unsentimental. Deshalb können überholte Bräuche auch nicht durch eine noch so gutgemeinte Traditionspflege, aus Nostalgie-, Weltanschauungsgründen oder Sentimentalität am Leben gehalten werden.

Warum sollten sich in einer sich ständig wandelnden Welt nicht auch die Traditionen ändern? Was ist so schlimm daran? Überholtes wird abgelegt, Neues entsteht. Dies nennen wir „kulturellen Wandel". Er findet statt, ob uns das gefällt oder nicht. Wir selber können aber entscheiden, was uns nützt, was wertvoll und bedeutend erscheint; dies erfordert allerdings ein gewisses Maß an Verständnis und Offenheit über jedwede brauchtumspflegerische Weltanschauung hinaus. Keine Tradition, kein Traditionsgegenstand ist allein deshalb gut, nur weil er alt ist und früheren Generationen gedient hat. Vieles, was altüberliefert ist, muss deswegen nicht zwangsweise überholt sein. Und umgekehrt, was sich neu entwickelt, ist nicht von vornherein sinnlos, nur weil es ungewohnt oder noch nicht allgemein in Gebrauch ist. Jede Generation entscheidet selbst darüber, was ihr beachtenswert erscheint, was sie sich aneignet und im direkten Sinne des Worts „brauchen" kann. Beides, Vergangenheit *und* Gegenwart, spielt eine Rolle in unserem Leben. Der Physiker und Philosoph Carl Friedrich von Weizsäcker brachte das auf den Punkt: „Tradition ist bewahrter Fortschritt, Fortschritt ist weitergeführte Tradition."

Wozu Traditionen gut sind

Traditionen fallen nicht vom Himmel. Sie sind von Menschen erfunden, werden von der Gemeinschaft gepflegt und von Generation zu Generation weitergegeben. Traditionen sind nützlich und werden deshalb praktiziert – andernfalls wären viele Traditionen nicht derart lange in Gebrauch geblieben. Nur heute wissen wir zunehmend weniger über traditionelle Praktiken und Bräuche. Unsere globale Gesellschaft ist überfrachtet mit Informationen und übersättigt von Angeboten. Das führt zur Gleichgültigkeit und Teilnahmslosigkeit auch den eigenen Traditionen gegenüber. Die „Wertschätzung" für sie scheint abhanden zu kommen: „Was hab' ich mit Traditionen zu tun?" – „Was bringt mir das?" – „Interessiert mich nicht!" Solche Reaktionen sind nicht selten, wenn meine Neugier das Gespräch auf dieses Thema lenkt.

„Was bringt mir das?" Diese heutzutage häufig und in vielen Zusammenhängen gestellte Frage ist einfach zu beantworten: Traditionen bringen ein Mehr an Lebensqualität!

Unsere christliche Kultur beschert uns mit Weihnachten, Ostern und Pfingsten Hochfeste und Festzeiten mit Feiertagen. Damit einher gehen Ferien für die Schulkinder und arbeitsfreie Tage für die Erwachsenen – dies wird allzu leicht vergessen oder als selbstverständlich hingenommen.

Zunehmend weniger geachtet wird ebenfalls, dass es sich um sogenannte „Heilige Zeiten" handelt, deren Wert über den vordergründig attraktiven Freizeitcharakter hinausreicht. Sie besitzen einen Mehrwert, indem sie uns vor allem geistige Zäsuren bescheren: Sie schaffen Zeit und Raum zum

Innehalten und zur Ruhe für alle, die sich darauf einlassen. Besinnung tut gut. Wer den Sinn seines Lebens findet, muss ihn nicht rastlos in Ersatzbefriedigungen suchen oder durch allerlei ablenkende Aktivitäten kompensieren.

Und schließlich gibt es noch eine dritte Komponente, eine soziale: Traditionen werden gemeinschaftlich begangen. An kirchlichen und persönlichen Fest- und Feiertagen kommen Gemeinden, Familien, Verwandte und Freunde zusammen. Es ist die Zeit des gemeinsamen Feierns, des festlichen Mahls, der Begegnung und des Gesprächs. Traditionen stärken die Gemeinschaft und können Eigenbrötelei und soziale Verkümmerung verhindern helfen.

Das Wiederkehrende und das Einmalige

Traditionen und Bräuche zeichnen sich durch ihre Langlebigkeit und Regelmäßigkeit aus. Sie strukturieren das Jahr und bescheren uns gerade auch heute in der Hektik ständigen Wandels wohltuende Ruhepunkte für Leib und Seele. Das liegt u. a. daran, dass Feste und die dazugehörigen Bräuche sowohl im Kirchenjahr als auch im weltlichen Jahreslauf ihren traditionell festgelegten Platz einnehmen. Jeder weiß, am 24. Dezember, Heiligabend, gedenken Christen vieler Konfessionen in aller Welt der Geburt Christi. Es ist ein freier Tag. Zum gewohnten Ritual gehören neben den gemeinsamen Weihnachtsvorbereitungen die abendliche Bescherung und das Essen im Familienkreis sowie der Besuch der Christmette – selbst bei vielen Nicht-Kirchgängern.

Weil sich religiöse und weltliche Bräuche hier wie während des gesamten Jahres gegenseitig durchdringen, fassen Volkskundler den kirchlichen und weltlichen Festkreis zusammen und sprechen von den *„Bräuchen im Jahreskreis"*. Viele Traditionen finden also zyklisch statt.

Andere wiederum erlebt jeder für sich als einmalig. Hierzu zählen die „*Bräuche im Lebenslauf*": Taufe, Kommunion, Firmung, Konfirmation, Hochzeit und Tod. Auch in diesen Fällen greifen religiöse und weltliche Praktiken ineinander. Geburtstage, Geburtstagsfeiern, Gratulation und der Brauch des Schenkens sind profaner Natur. Und jeden unserer Geburtstage können wir nur einmal feiern, obwohl wir jedes Jahr Geburtstag haben.

Lebensqualität ist keine Frage des Geldbeutels

Sicher haben auch Sie schon oft gute Vorsätze gefasst. Solche erleben ihre meist kurzzeitige Konjunktur an markanten Wendepunkten wie dem Jahreswechsel, zu Beginn eines neuen Lebensjahres oder nach einer Krankheit. Man will dann bewusster oder gesünder leben, endlich einmal Sport treiben oder sich wenigstens mehr bewegen, überflüssige Pfunde abnehmen oder weniger rauchen. Man denkt daran, etwas weniger zu arbeiten, die Stunden besser einzuteilen, mehr Zeit für sich und seine Familie einzuplanen. Bestimmt sind Ihnen solche Gedanken schon mehrmals in den Sinn gekommen. Aber meistens ist es bei den guten Vorsätzen geblieben, oder?

Haben Sie das Gefühl, dass die Zeit an Ihnen vorbeirauscht und Ihr Leben entgleitet? Dann habe ich für Sie eine heilsame Übung:

Führen Sie sich vor Augen, dass Sie beinahe alles in Ihrem Leben vermehren können – in ideeller ebenso wie in materieller Hinsicht: Ihre Erkenntnisse, Ihre Fehler, Ihre Freunde, die Zahl Ihrer Feinde, Ihre Briefmarkensammlung, Ihre Bonuspunkte bei der Bahn, Ihre Punkte im Flensburger Verkehrssünderregister, Ihre Cholesterinwerte, Ihr Wohlbefinden, Ihren Aktienbesitz, Ihren Wertpapierverlust, Ihre Schulden oder Ihr Geld auf dem Bankkonto.

Ich wünsche Ihnen in allen Ihren Lebensbereichen eine

glückliche Hand. Und ich erhoffe mir alles Gute für Sie – auch aus Eigennutz, weil ich davon überzeugt bin, dass glückliche, zufriedene Menschen freundlicher und achtsamer mit sich und ihren Mitmenschen, mit Lebewesen und der Natur umgehen, kaum Konflikte heraufbeschwören, nichts absichtlich zerstören, sich selbst und anderen weniger Probleme bereiten. Doch trotz allen guten Wünschen und Ihren eigenen Vorsätzen werden Sie Ihre verbleibende Lebenszeit, Ihr persönliches Zeitbudget um keine Sekunde erhöhen können. Diese Erkenntnis ist ernüchternd. Claus Gaedemann stellt dazu in seinem Buch über Zeitökologie eine überzeugende Rechnung auf:

„Nehmen wir an, Sie sind jetzt vierzig Jahre alt. Dann werden Sie laut Statistik noch ungefähr fünfunddreißig Jahre leben – etwas mehr, etwas weniger, je nachdem, ob Sie eine Frau oder ein Mann sind. Das sind 12 775 Tage. Nicht mehr! Diese knapp dreizehntausend Tage sind Ihr Zeitbudget, das täglich weniger wird und sich keinesfalls aufstocken lässt."

An dieser Tatsache können Sie verzweifeln – es wird aber nichts ändern. Die menschliche Lebenszeit bleibt endlich, und die Zahl unserer Lebensjahre nimmt kontinuierlich ab. Nichts und niemand kann jemanden allerdings daran hindern, seinen Jahren mehr Leben zu schenken. Wie sagte der einstige US-Präsident Thomas Woodrow Wilson: „Der hat lange gelebt, der gut lebte." Achten Sie also auf Ihre Lebensqualität: Sie haben es in der Hand, Ihrem Leben mehr Glück und Wert zu verleihen.

Lebensqualität besteht u. a. darin, sinnerfüllt und maßvoll zu leben, d. h., das eigene Maß zu finden zwischen Mehr und Weniger, Genuss und Verzicht, Geben und Nehmen, Engagement und Zurückhaltung, Reden und Schweigen, Arbeit und Erholung. Vergleichen Sie sich dabei bitte nicht mit anderen Menschen. Es wird immer jemanden geben, der von dem einen oder anderen mehr oder weniger aufzuweisen hat. Wer vermeintlich mehr Geld besitzt, ist deswegen nicht automatisch auch wirklich reich oder glücklich – andernfalls müssten alle begüterten Menschen ausschließlich freudestrahlend durchs Leben gehen, und dass dem nicht so ist, weiß sogar die Regenbogenpresse. „Das Leben ist gerechter als man meint", sagte einmal ein wohlhabender Mann, der gerade seine erwachsene Tochter verloren hatte. Ohne mit der Wimper zu zucken hätte er alles Vermögen dafür gegeben, den Verlust ungeschehen zu machen. Er vermochte es nicht, es lag nicht in seiner Hand. Sein Beispiel zeigt auch, wie schnell und grundlegend sich Werte verlagern können – materielle Werte allein verheißen jedenfalls nicht von vornherein Lebensglück.

Reduzieren Sie Lebensqualität nicht auf den Urlaub und vertagen Sie Ihr Leben um Himmels Willen nicht auf die Zeit nach Ihrer Pensionierung. Der Großteil des Lebens findet zwischen den Jahresurlauben und vor der Rente statt. Diesem wichtigen Lebensabschnitt sollte man mehr Wert und Qualität beimessen. Seien Sie also nicht auf wenige Urlaubstage im Jahr fixiert und glauben Sie nicht, Sie müssten sich dazwischen ausschließlich und unabänderlich monotonem Alltagstrott ergeben. Bringen Sie Rhythmus in Ihr Leben – Tagwerk und Feierabend, Alltag, Sonn- und Feiertage geben ihn vor. Nehmen Sie diese Bezeichnungen ruhig wörtlich: Feiern Sie die festlichen Höhepunkte des Jahres; unsere Tradition schenkt Ihnen viele solcher Fest- und Feiertage. Wecken Sie Ihr Bewusstsein dafür, oder um Johann Wolfgang von Goethe sprechen zu lassen: „Tages Arbeit! Abends Gäste! Saure Wochen! Frohe Feste!"

2   Heilige Zeiten achten

Überblick gewinnen

Das Bewusstsein für zyklisch wiederkehrende Ereignisse, wie z. B. der Wechsel von Tag und Nacht, die Mondphasen oder die Sonnenwenden, drängte den Menschen schon in der Vor- und Frühzeit seiner Kulturgeschichte zur Zeiteinteilung. Den Jägerkulturen war die Kenntnis regelmäßig stattfindender Tierwanderungen hilfreich. Bei den Ackerbaukulturen spielte das Wissen um die genauen Zeitpunkte für Aussaat und Ernte eine überlebenswichtige Rolle. Viele vorgeschichtliche Bauten wie etwa Sonnentempel, Kreisgrabenanlagen und vermutlich auch die beeindruckenden Monumente von *Stonehenge* waren sogenannte „Kalenderbauten". Man weiß heute, dass sie durch ihre Ausrichtung auf den Stand der Sonne an bestimmten Tagen eine kalendarisch exakte Bestimmung zuließen; zudem waren mit der systematischen Himmelsbeobachtung auch religiöse Kulte verbunden.

Kalender spielen in der Kulturgeschichte der Menschheit also eine zentrale Rolle. „Kalender" bedeutet im weitesten Sinn Zeitrechnung, im direkten handelt es sich um das Verzeichnis der nach Wochen und Monaten geordneten Tage eines Jahres. Das Wort stammt aus dem Lateinischen. *Calare* heißt „ausrufen". *Calendae* hieß der erste Tag jeden Monats, an dem der neue Monat öffentlich ausgerufen wurde. Im Mittelalter entstand daraus der Zeitweiser durch das Jahr, das „Calendarium", das in der heutigen Bezeichnung „Kalender" fortlebt.

Da die alten Kalender, der ägyptische, der altrömische und der Julianische Kalender, Ungenauigkeiten gegenüber dem astronomischen Jahr aufwiesen, ordnete Papst Gregor XIII. 1576 eine Kalenderreform an. Der nach ihm benannte „Gregorianische Kalender" gilt bis heute.

Seit Jahrhunderten zählt der Kalender zu den alltäglichen Gebrauchsgegenständen. Mit dem Übergang von der alten Agrar- zur modernen Industriegesellschaft änderten sich allerdings Gebrauch und Bedeutung; bald standen nicht mehr Information und Belehrung der ländlichen Bevölkerung im Vordergrund. Die Industriegesellschaft brauchte keine sogenannten „Bauernkalender" mehr mit Mondphasen und Sonnenwenden, mit Kalendergeschichten, Bauernregeln und Wetterbeobachtungen – für sie ging es bald um die Zeiteinteilung im Stundentakt. „Zeit ist Geld" lautete die neue Devise, und deshalb musste die Nutzung des Faktors Zeit laufend optimiert werden. Das führte zum Paradoxon des 20. Jahrhunderts: Der moderne Mensch leidet trotz des Einsatzes von Maschinen und modernster Technik als arbeitserleichternde Hilfsmittel unter Zeitmangel. Hilflos stellen wir lediglich fest, dass unsere Zeit eben schnelllebig geworden ist.

Falls auch Sie nach dem Terminplaner leben, sei er digital oder analog, kommt es darauf an, wie Sie ihn gebrauchen. Achten Sie neben dem Eintrag Ihrer beruflichen Termine auch auf Ihre privaten? Oder sind Ihnen die nicht so wichtig? Falls Sie bisher keinen Kalender benützten und gelegentlich schon Termine übersahen, empfehle ich Ihnen: Legen Sie sich einen zu und führen Sie ihn konsequent, selbst wenn Neujahr längst vorbei sein sollte und Sie sich mitten im Jahr befinden. Er wird Ihnen gute Dienste leisten. Seien Sie bei der Wahl dieses nützlichen Utensils auch wirklich wählerisch. Begnügen Sie nicht mit jedem nächstbesten Werbegeschenk; Werbung will Sie nur ablenken. Investieren Sie ein paar Euro für Ihren Zeitplaner, erwerben Sie ein Exemplar, das Ihnen gefällt, das Sie gerne in die Hand nehmen und verwenden möchten. Das ist das erste Zeichen, dass man seiner wertvollen Zeit auch sichtbar Wert beimisst. Der

Kalender führt Sie durch ein ganzes Jahr, er enthält Ihre Termine und wird dadurch zu Ihrem persönlichen Begleiter. Er stellt zugleich vor Augen, wie man mit seiner Arbeits- und Freizeit umgeht. Es ist Ihre Jahres- und Lebenszeit, die Ihnen zwischen Neujahr und Silvester zur Verfügung steht, und die sollte man selbst und bestmöglich organisieren. Daher tun Sie gut daran, alle Ihre Termine einzutragen und im Blick zu behalten.

Ich lege Wert darauf, dass im Kalender die kirchlichen Festzeiten, die Ferien, die gesetzlichen Feiertage und die Namenstage des Jahres bereits berücksichtigt und gut sichtbar vermerkt sind. Alle anderen Produkte lege ich beiseite – sie erfüllen Ihren Zweck nicht zufriedenstellend.

Ich empfehle, die feststehenden Termine mit den persönlichen zu ergänzen. Die Geburts- und Namenstage in der Familie, Verwandtschaft oder die von Freunden, Bekannten sowie von Kolleginnen und Kollegen sind ebenso bedeutend wie Geschäfts- und Arbeitstermine. Möglicherweise stehen in diesem Jahr Feste oder andere wichtige Termine an, die bereits bekannt sind: Taufen, Verlobungen, Hochzeiten, eine Kommunion, Firmung oder Konfirmation, eine Abiturfeier, ein Ausbildungsabschluss, ein Betriebsjubiläum oder der Vereinsausflug. Sie tun auch gut daran, rechtzeitig Ihren Urlaub zu planen. Ihre Arbeitskollegen, Mitarbeiter, vor allem Ihr Partner und die Familienmitglieder werden es Ihnen danken. Pflegen Sie Ihren Kalender und schaffen Sie sich darin Ihre eigenen Freiräume – es lohnt sich in jedem Fall. Ihre Lieben und die Menschen, die Sie umgeben, freuen sich über Ihre Aufmerksamkeit, weil Sie z. B. an Namens- oder Geburtstage denken oder auf eine Einladung verlässlich reagieren können; das erleichtert die Planung Ihrer Mitmenschen ebenso.

Meinen Kalender erachte ich als persönliches Archiv. Darin finden sich neben den Terminen Ideen, Skizzen, kurze Notizen über merkenswerte Ereignisse oder tagebuchartige

Fußnoten. Vieles davon ist hilfreich, in der Rückschau oft aufschlussreich und nicht selten amüsant.

Ich bewunderte diese nutzbringende Angewohnheit bei meinem Schwiegervater und machte sie mir selber zu eigen. Er führte ab seinem 19. Lebensjahr, von 1948 bis zu seinem Lebensende im Jahr 1998, 50 Jahre lang seine Kalender. Ich habe nie einen besser organisierten Menschen kennengelernt als ihn. Er hatte seine beruflichen und persönlichen Termine ebenso wie Feiertage und Familienfeste gut im Blick. Auf ihn war immer Verlass, und er war stets pünktlich.

Bei anderen Menschen habe ich das Gegenteil erlebt: Sie versetzten Kollegen, Geschäfts- und Ehepartner oder ließen auf sich warten, weil sie zeitliche Absprachen einfach nicht einhielten. Von Planung und Überblick konnte keine Rede sein, von Rücksicht und Achtung ihren Mitmenschen gegenüber ebenso wenig.

Manche dieser Zeitgenossen schaute ich mir genauer an. Und dies ist mir aufgefallen dabei: Diese Menschen werden nie fertig, und zwar im direkten Sinn des Worts – nicht mit ihren Erledigungen und Arbeiten, nicht mit ihrer Zeit, und einige von ihnen auch nicht mit ihrem Leben.

Eine gute Zeiteinteilung erleichtert Vieles, und ein konsequent geführter Kalender ist dabei hilfreich. Er bringt mehr Ordnung in unsere Planungen und in unser Leben. Er wird auch Sie gut durch das Jahr führen. Eines darf man nämlich durchaus wörtlich nehmen: Überblick zu gewinnen, ist ein echter Gewinn. Sie stehen damit in einer langen Tradition.

Der Mensch lebt nicht vom Brot allein

Wir arbeiten und verdienen damit unseren Lebensunterhalt. Doch Arbeit bedeutet weit mehr als reiner Broterwerb: Einen Arbeitsplatz zu haben und einer erfüllenden Erwerbstätigkeit nachgehen zu können, ist trotz der Anstrengungen, die ein Beruf mit sich bringen kann, identitätsstiftend und beglückend. Glück dieser Art wird allerdings selten als solches wahrgenommen. Wer übergangsweise oder für längere Zeit nicht in Lohn und Brot steht, weiß häufig erst dann die Vorzüge einer Arbeitsstelle zu schätzen. Arbeitslose Menschen fühlen sich oft rasch nutzlos und von der Gesellschaft ausgeschlossen. Friedhelm Hengsbach SJ, Professor für christliche Gesellschaftsethik, schreibt hierzu:

„Wenn ich Arbeitslose frage, ob es ihnen gelinge, mit dem Arbeitslosengeld oder der Sozialhilfe den Ausschluss aus der Erwerbsgesellschaft schöpferisch zu gestalten, antworten sie in der Regel, dass sie weder ein Almosen noch ein Grundeinkommen, sondern an der gesellschaftlich organisierten Arbeit beteiligt sein wollen. Darin sehen sie ihre persönliche Identität, ihren Lebensunterhalt und ihre gesellschaftliche Anerkennung gesichert."

Arbeit ist also über den reinen Lebensunterhalt hinaus ein wichtiger Wert in unserer Gesellschaft. Dementsprechend wurde das Recht auf Arbeit 1948 in der „Allgemeinen Erklärung der Menschenrechte" (Art. 23/1) formuliert: „Jeder hat das Recht auf Arbeit, auf freie Berufswahl, auf gerechte und befriedigende Arbeitsbedingungen sowie auf Schutz vor Arbeitslosigkeit."

Nun wissen wir alle nur zu gut, dass nicht jeder von uns seine idealen Arbeitsbedingungen vorfindet – manche Menschen sind unzufrieden an ihrer Arbeitsstelle, zweifeln am Sinn ihrer Tätigkeit oder verzweifeln gar an ihrer Arbeit. Für Viele wird der Leistungsdruck, dem sie sich entweder selber aussetzen oder ausgesetzt fühlen, zur ernsthaften Belastung. Andere sind aufgrund permanent hoher beruflicher Anforderungen bereits körperlich wie geistig erschöpft und ausgebrannt; „Burnout" nennen wir diesen Zustand, der seit Jahren rapide um sich greift.

Dafür gibt es bekanntermaßen viele Ursachen. Ein Grund liegt wohl auch darin, dass unserer Leistungsgesellschaft der gesunde Ausgleich zwischen Aktivität und Erholung abhanden gekommen ist. Viele Menschen sind gar nicht mehr in der Lage, abzuschalten und zu entspannen – nicht einmal im Urlaub. Andere wiederum versetzen ihre überzogenen Ansprüche in ständige Unruhe.

Dabei konnten wir noch nie über so viel gesetzlich geregelte Arbeits- und Freizeit und über so vielfältige Gestaltungsmöglichkeiten wie heute verfügen; dennoch gibt es nicht wenige Menschen, die trotz der Vorzüge des modernen Lebens und über alle materielle Absicherung hinaus unzufrieden oder sogar unglücklich sind.

Selbst wenn beruflicher Erfolg und die Vergnügungen unserer Freizeitgesellschaft ein gewisses Maß an Befriedigung und Lebensqualität bieten, wird sich daraus nicht zwangsläufig ein tieferer Lebenssinn erschließen. Dieser entspringt vielmehr unserer kulturellen und religiösen Tradition, der gelebten christlich-abendländischen Kultur. Denn von jeher benötigt der Mensch weit mehr als bloße Bedürfnisbefriedigung, oder wie das Bibelwort in seinem ganzen Wortlaut sagt: „Der Mensch lebt nicht vom Brot allein, sondern von einem jeden Wort, das aus dem Mund Gottes geht." (Mt 4,4)

Möglicherweise irritiert Sie dieser Bibelspruch. Vielleicht finden Sie ihn weit hergeholt oder sogar lächerlich – einerseits, weil Sie sich von religiösen Traditionen weit entfernt glauben, andererseits, weil Sie dabei sofort an die Institution Kirche denken, die zunehmend in der Kritik steht. Mit der Kirche wollen Viele nichts zu tun haben. Gewiss, manche „Brocken", die uns vorgesetzt wurden, sind schwer verdaulich. Aber Unzulänglichkeiten und Verfehlungen des Personals sind häufig nur eine bequeme Möglichkeit, gleich die ganze Organisation und die dahinterstehende Idee abzulehnen. Was kann der Komponist dafür, wenn Dirigent und Orchester seine Klangvorstellungen nicht erreichen oder eine dritte Geige ihren Einsatz verpatzt? Werden Sie deswegen nie wieder Musik hören oder kein Konzert mehr besuchen? Nicht nur in kirchlichen Institutionen, auch in Sportvereinen sind leider Missbrauchsfälle zu verzeichnen. Sind solche Vergehen ein Grund, alle Sportler pauschal zu verurteilen und Sportveranstaltungen zu meiden? Bestimmt nicht, und dennoch: Auch Sportler stehen nicht außerhalb unserer moralischen Wertevorstellungen. Erwarten wir also moralische Integrität nicht ausschließlich vom Kirchenpersonal: Jeder hat sich an gültige Normen zu halten, selbst wenn wir ständig eines Schlechteren belehrt werden.

Unterscheiden wir also, und zwar zwischen überlieferten kulturellen Lebensstrategien und menschlichen Verirrungen. Letztere kann man kaum verhindern, aber mit Ersteren können Sie Ihr Leben positiv gestalten – sofern man sich darauf einlässt.

Kulturelle Kompetenz ist gefragt

Der christliche Kult beschert uns traditionsgemäß arbeitsfreie Sonn-, Fest- und Feiertage. Diese sind mit bestimmten Handlungen und Ritualen verbunden, die man seit Jahrhunderten pflegt. Der traditionelle Anlass bedingt das traditionelle Verhaltensmuster, aber nicht zwangsweise: Denn wer beispielsweise die Tradition der Sonntagsmesse nicht pflegt, hat trotzdem arbeitsfrei. Genau genommen ist dies zwar inkonsequent, unsere christliche Kultur ist jedoch großzügig und tolerant.

„Wenn das Christkind auf die Welt kommt, bin ich mit meinen Eltern beim Skifahren", berichtete ein siebenjähriges Mädchen über die familiären Weihnachtspläne. Sie konnte mir den Unterschied zwischen blauer, roter und schwarzer Piste genau erklären. Was es mit dem Christkind auf sich habe, wusste sie nicht. Gut, es handelt sich um ein Kind, das Mädchen wird noch Vieles in seinem Leben erfahren dürfen und lernen. Wirklich erstaunt war ich, als mich eine 20-jährige Abiturientin aufsuchte, die ein Praktikum bei einem Radiosender absolvierte: Sie sollte mich über Adventsbräuche interviewen. Nachdem sie meinen Ausführungen geradezu andächtig, aber mit erkennbar verunsichertem Blick lauschte, wurde ich skeptisch. Mich beschlich das Gefühl, dass sie mich teilweise gar nicht verstanden hatte. Nach dem Interview war ich es, der nun aus seiner berufsbedingten Neugier heraus ein paar Fragen stellte; ich wollte mir ein Bild von der kulturellen Kompetenz meiner Ansprechpartnerin machen. Allerdings wurden meine Fragen fast jedes Mal mit einem Achselzucken beantwortet. Schließlich fragte ich sie als Angehörige der römisch-katholischen Konfession, was wir an Weihnachten feiern. Nach intensivem Nachdenken antwortete sie mir ganz und gar naiv: das Christkind. Immerhin; nur die Bedeutung des weihnachtlichen Ereignisses konnte sie nicht in Worte fassen.

Vor einigen Jahren hörte ich den Moderator eines bekannten bayerischen Radiosenders, der seine jungen Hörer am Gründonnerstag im stereotypen Gute-Laune-Ton formatgemäß zwischen den Hits vollquasselte und auf das bevorstehende „verlängerte Wochenende" einstimmte. Ich schrieb mir seine Aussage hinterher eigens auf, weil ich es nicht für möglich hielt, was ich zu hören bekommen hatte: „Hey Leute, das Osterwochenende naht. Zeit zum Chillen und Abrocken. Partytime ist angesagt. Vier freie Tage. Da lässt sich doch was draus machen."

Ganz offensichtlich wusste dieser Moderator gar nichts mit Bedeutung und Sinn der Karwoche anzufangen, sonst hätte er nicht solchen Unsinn verbreitet. Ich halte es für bedenklich, dass ein kulturell derart inkompetenter Mensch wie dieser Moderator die Möglichkeit besitzt, meinungsbildend zu wirken – denn nichts anderes tut er: Er erzählt Tausenden von jungen Leuten, Ostern sei „Partytime". Feiern wir deswegen Ostern? Sind Karfreitag und Ostermontag aus diesem Grund arbeitsfrei, und haben die Schulkinder deswegen Ferien? Feiertage sind freie Tage, damit wir uns auf ihre Bedeutung besinnen, zur Ruhe kommen und zu uns finden. Besinnung und Ruhe zu traditionell festgelegten Zeiten im Jahr sind weder altmodisch noch überholt. Es sind überlieferte kulturelle Verhaltensmuster, von denen wir geistig und körperlich profitieren.

Den Sonntag pflegen

Der Wechsel der ineinander fließenden Jahreszeiten verleiht dem Jahr seinen natürlichen Rhythmus und seine Reize. Die Feiertage geben den festlichen Rhythmus und die Höhepunkte des Jahres vor. Die Arbeitstage werden unterbrochen von wohltuenden Zäsuren, an denen die Arbeit ruht, das Jahr ist gekrönt von Heiligen Zeiten. Andernfalls würde es tagein, tagaus im selben Trott, ohne Pausen, ohne Feste vorüberziehen.

Auch in unserem Sprachgebrauch hat sich diese besondere Tradition gehalten: Was nicht alltäglich ist, gibt es nur „alle heilige Zeiten"; was uns wertvoll erscheint, das ist uns „heilig". Im Wort „heilig" steckt „heil", und das wollen wir alle sein: heil an Leib und Seele. Allerdings ist der Mensch das nicht automatisch: Genauso wie wir auf unsere Gesundheit achten und unseren Körper fit halten, damit er heil bleibt, bedarf auch der Geist des Trainings, damit wir seelisch ausgeglichen sind. Unsere Seele vergessen wir nur leider allzu oft und wundern uns dann, wenn es uns nicht gut geht. Dabei verschafft uns unsere religiöse Tradition genügend Raum, uns geistig zu regenerieren – seit Jahrhunderten und konsequent.

Die erste Festordnung findet sich bereits in den Zehn Geboten Gottes, die Moses auf dem Berg Sinai empfing. Sie besitzen sowohl im Juden- als auch im Christentum zentrale

Bedeutung und prägten die Kulturgeschichte Europas. Das dritte Gebot ist das Feiertagsgebot und lautet: „Sechs Tage sollst du arbeiten, am siebenten Tag sollst du ruhen."

Es gibt verschiedene Wortlaute, die verdeutlichen, was damit gemeint ist: „Sechs Tage darfst du schaffen und jede Arbeit tun. Der siebte Tag ist ein Ruhetag, dem Herrn, deinem Gott, geweiht."

Dieses Gebot hat den Sinn, dass wir seelisch und körperlich auftanken und neue Kräfte gewinnen, um den vielfältigen Anforderungen des Alltags gerecht zu werden; daher folgt den sechs Werktagen der Sonntag.

Im Schöpfungsbericht der Bibel ist der Sabbat der siebte Tag. Das Volk Israel wird im dritten Gebot aufgefordert, diesen Tag durch Gottesdienst, Gebet und Arbeitsruhe zu heiligen. Die Christen übertrugen das Feiertagsgebot auf den ersten Tag der Woche, den Sonntag, weil der Überlieferung nach Jesus Christus am ersten Tag der Woche von den Toten auferstanden ist.

Ein kultivierter Sonntag sieht die Mitfeier des Gottesdienstes (Sonntagsmesse) vor, ein festliches Essen (Sonntagsbraten), die Begegnung mit Menschen (Sonntagsbesuch) und mit der Schöpfung Gottes in freier Natur (Sonntagsspaziergang). Man kann sich bereits am Vorabend auf den Sonntag einstimmen; am Samstag läuten die Kirchenglocken um 15.00 Uhr den Sonntag ein, der nach alter Tradition bereits am Samstagnachmittag beginnt.

In dieser Tradition ist übrigens das Wort „Feierabend" begründet. Der Abend vor dem Feiertag zählte bereits zum Fest. Und der Begriff „Feiertag" stammt vom lateinischen Wort *feriae* – damit waren geschäftsfreie, für religiöse Handlungen bestimmte Feiertage gemeint.

Das hat sich heutzutage erheblich verändert. Während der Sonntagsbraten, ein Sonntagsbesuch oder ein nachmittäglicher Spaziergang noch zu den Selbstverständlichkeiten gehören, nimmt die Zahl der Gottesdienstbesucher ständig ab.

Das liegt nicht nur an dem so banalen Grund, dass man sonntags gerne ausschläft; wer einen Ausflug unternimmt, eine Bergtour plant oder eine Matinee besucht, muss auch aus den Federn. Und die zahlreichen Sportbegeisterten, die regelmäßig zu den allerorten stattfindenden sonntäglichen Breitensportturnieren pilgern, versäumen ihre Veranstaltungen ebenso wenig. Wer selber ein Turnier mitbestreitet, zeigt darüber hinaus sogar am Sonntag enorme Leistungsbereitschaft, und um diese zu erbringen, bedarf es im Vorfeld eines konsequenten und anstrengenden Trainings. Zu diesen Mühen kommt der häufig harte Ton des Trainers hinzu, der seine Wettkämpfer kaum mit Glacéhandschuhen anfasst. Das alles wird hingenommen. Aber ganz offensichtlich fällt es schwer, sich an Gottes Gebote zu halten; und denen, die sein Wort verkünden, hören immer weniger zu.

Vor kurzem waren meine Frau und ich zu einer illustren kleinen Abendgesellschaft eingeladen. Sie setzte sich aus Medizinern, Unternehmern, Künstlern und Sportlern zusammen. Irgendwann nach dem Essen vertieften sich die Gespräche, und man diskutierte auch Glaube und Kirche. Letztere bekam einmal mehr ihr „Fett weg". Einer aus unserer Runde, ein ehemals erfolgreicher Leistungssportler, kristallisierte sich geradezu als Fachmann in puncto Kirchenkritik heraus. Er prangerte an, was „die da in ihren Gewändern und Kutten" selber alles falsch machen, aber den Leuten erzählen würden. Sein Eifer war kaum zu bremsen. Also hörte ich aufmerksam und lange zu. Als ich ihn nach seinen Ausführungen endlich fragen konnte, wie lange er keine Messe mehr besucht hätte, erstaunte mich seine Antwort nicht: „Bestimmt 20 Jahre, wenn nicht länger." Seine Antwort war schlüssig, denn was er von sich gegeben hatte, waren nur die hinreichend bekannten Klischees. Er hatte nämlich definitiv keine Ahnung von den Aufgaben und Menschen, die er herabwürdigte und brandmarkte. Ich fragte ihn, wie ernst er wohl mein Urteil über seine Sportart nehmen würde, wenn ich 20 Jahre lang kein Spiel mehr gesehen und mich auch sonst kaum mit seinem Sport beschäftigt hätte. Er war irritiert und dachte kurz nach. Dann mussten wir beide lachen. Anschließend meinte er, vielleicht sollte er wieder einmal in die Kirche gehen. Und tatsächlich, zwei Wochen später – ich traute meinen Augen nicht – entdeckte ich meinen Diskussionspartner bei einer sonntäglichen Messfeier. Hinterher sagte er zu mir: „Du hast recht, vielleicht lebt ja der Mensch doch nicht vom Brot allein." Dann verabschiedete er sich. Er musste dringend ins Stadion. Im Weggehen lud er mich zu einem der nächsten Spiele ein. Selbstverständlich nahm ich seine Einladung an. Das Spiel verfolgte ich mit Begeisterung.

Für die Seele sorgen

Unsere säkularisierte Freizeitgesellschaft ist auf dem besten Weg, ihre Orientierung zu verlieren: Trotz des gewaltigen Informationsflusses verarmen wir geistig zusehends. Seelisch verkümmern wir. Das Gewaltpotenzial ist enorm gestiegen. Wir müssen Suizide beklagen. Viele Menschen sind lebensmüde geworden. Der Bedarf an Psychotherapeuten ist groß. Das ist alarmierend.

Aber ich stelle immer wieder fest, dass gläubige, werte- und traditionsorientierte Menschen stabiler und lebensfroher sind. Sie sind deswegen nicht weniger kritisch oder gar naiv – doch sie leben in festen, überlieferten Ordnungen mit Traditionen, und diese geben ihnen Halt. Diese Orientierung macht sie weitaus widerstandsfähiger gegenüber Sinnkrisen. Ihre Maßstäbe sind andere: Sie wissen die Dinge zu relativieren und unausbleibliche Krisen zu ertragen, weil sie eben nicht sich selbst zum ausschließlichen Maßstab erheben, sondern ihr Leben nach Höherem ausrichten und darin ihr irdisches Seelenheil finden. Wenn die Seele dann doch einmal leidet, sind sie nicht allein: Wo Familie und Freunde an ihre Grenzen stoßen oder gänzlich versagen, hilft oft das Gespräch mit einem Seelsorger. Aus dieser Erfahrung heraus schreibt Donna Alessandra Borghese:

„Meistens ist es … wesentlich einfacher, sich in Sorgen und Nöten dem Beistand eines Priesters anzuvertrauen. Die Institution Kirche hat, was den routinierten Umgang mit Seelennöten angeht, knapp 2000 Jahre mehr Erfahrung als die Psychoanalyse, und statt die eigenen Sorgen ‚bei sich selbst (oder gar bei seinem Nächsten) abzuladen', werden sie in der Kirche ins rechte Verhältnis gerückt."

Allerdings werden die Angebote der Kirche häufig unterschätzt. Lassen Sie uns deshalb die Situation einmal ganz nüchtern betrachten: Sie werden mir wohl darin zustimmen, dass Sie jede Dienstleistung, die Sie in Anspruch nehmen, gewöhnlich finanziell honorieren müssen. Das betrifft die Leistung der Gastronomie für Ihre Bewirtung oder des Monteurs, der Ihre Waschmaschine repariert ebenso wie für die eines Rechtsanwalts, der Ihnen Rechtsbeistand gewährt. Die Kirche ist in diesem Punkt wesentlich kulanter, ja sie ist einzigartig: Zu jeder Zeit können Sie professionellen priesterlichen Rat oder Beistand in Anspruch nehmen, auch ohne Versicherung, Krankenschein, Überweisung, ohne Sonn- und Feiertagszuschlag.

Außerdem können Sie täglich kostenlos die Messe besuchen, nicht nur die feierlichen Gottesdienste an den Sonntagen. Immer wird mindestens ein Vollakademiker für Sie tätig werden, der um seine Besucher bemüht ist und in seiner Predigt Gedanken formuliert, über die es sich in jedem Fall nachzudenken lohnt. Ebenfalls für Sie kostenlos arbeiten die Mitarbeiter des Altardienstes und, zumindest in größeren Gemeinden, professionelle Kirchenmusiker mit entsprechend erprobtem Chorpersonal – wenn das kein Service ist. Seien Sie all dem gegenüber nicht gleichgültig, und glauben Sie nicht, diese und die vielen anderen wertvollen Leistungen der Kirche könnten mit einer vergleichsweise geringen Kirchensteuer auch nur annähernd aufgewogen werden.

Sie werden es längst bemerkt haben: Aus mir spricht nicht allein der Kulturwissenschaftler, sondern auch der Katholik. Wer wie ich in Bayern geboren ist, bekommt diesen Glauben und seine große Tradition zumeist mit in die Wiege gelegt. Das ist aber noch kein Verdienst. Diese Tradition bedarf neben der kollektiven Pflege irgendwann der individuellen Auseinandersetzung und des Erwerbs. Auf diesem Weg stellen sich genug Fragen und Zweifel ein. Auch hierzulande sagt man nicht zu allem „Ja und Amen", nur weil Gotteshäuser barock und Putti besonders rundlich ausgefallen sind. Auch ich habe meine Probleme mit Miesepetern, Frömmlern, Formalisten oder Diktatoren, die in ihren Traditionen erstarren und über die Köpfe der Menschen bzw. über deren Lebenswirklichkeit hinweg predigen. Wie viele Interessierte und Suchende wurden auf diese Weise schon verprellt? Wie viele Chancen werden nach wie vor verpasst?

Vor kurzem saß ich in der Sonntagsmesse und erfreute mich wieder einmal am Spiel des Organisten. Physisch von gedrungener Gestalt, würde man ihm eher behäbiges Musizieren zutrauen – aber nein, seine Finger gleiten flink über die Tasten, seine Interpretationen und Improvisationen kommen geradezu leichtfüßig daher. Sie sind lebendig und variantenreich, ja, sie haben etwas Tänzerisches und versetzen mich jedes Mal in frohe Stimmung. Als ich mich nach der Messe bei ihm dafür bedanken wollte, fand ich zu meinem Erstaunen einen deprimierten Menschen vor. Er klagte über das Personal seiner Arbeitgeberin Mutter Kirche und über dessen mangelnde geistige Beweglichkeit, die er in seiner jahrzehntelangen Organistentätigkeit erleben musste. Er leidet, und obwohl er mit Leib und Seele Kirchenmusiker ist, denkt er an den Vorruhestand. Ein großer Verlust. Ich wünschte mir, das lebendige Orgelspiel unseres Kirchenmusikers würde so manchen Geistlichen dazu anregen, religiöse Traditionen zeitgemäßer zu interpretieren und den Menschen so mehr Freude daran zu vermitteln.

Freilich will ich hier nicht „granteln" (nörgeln), wie man in Bayern sagt, und ich möchte den Gottesdienst nicht zur ausschließlichen Dienstleistungseinrichtung stempeln. Deshalb bin ich Margot Käßmann dankbar für ihre Mahnung. In ihrem Buch „Mit Herzen, Mund und Händen" schreibt sie über Spiritualität im Alltag: Wer am Gottesdienst teilnimmt, sollte spirituell gestärkt werden und Gemeinschaft erleben. Allerdings erhebt sie zu Recht auch Einsprüche „gegen eine Haltung, die Gottesdienst reduziert auf das Bedienen der eigenen persönlichen spirituellen Bedürfnisse". Sie sagt: „Gottesdienst heißt ja auch, dass ich Gott diene. Demgegenüber hat sich oft eine Konsumhaltung entwickelt: Gottesdienst soll mir etwas bringen. Aber ‚Gott loben, das ist unser Amt' (EG 288, 5) gilt auch." Und sie zitiert aus dem Evangelischen Erwachsenenkatechismus: „Der Gottesdienst ist ein Fest, in dem die Gemeinde von einem anderen besucht wird: von Gott, der sich ihr mitteilen will durch sein Wort und der sie einlädt zu seinem Mahl. Gottes Zuwendung ruft die Antwort des Menschen hervor …" Gemeint ist, dass wir Gottes Wort hören und gemeinsam antworten, bitten, beten und singen.

Also werden Sie nicht ungeduldig, wenn die nächste Sonntagspredigt nicht die Behandlung genau Ihres Anliegens beinhaltet. Kein Arzt kann Ihnen die Heilung Ihrer körperlichen Beschwerden garantieren, kein Rechtsanwalt den positiven Ausgang Ihres Rechtsstreits, und das, obwohl man sich hier speziell Ihrer Sache annimmt. Zahlen müssen Sie dort in jedem Fall. Hier genügt es für den Anfang schon, einfach zuzuhören – kostenlos, versteht sich.

Feiertage sind ein Geschenk

Das Feiertagsgebot wurde einst nicht nur von der Kirche eingehalten, auch Staat und Zünfte achteten es. Feiertage galten als absolute Ruhetage für Herrschaft und Dienstboten. Im Mittelalter feierte man 45 Heiligenfeste als arbeitsfreie Tage. Hinzu kamen die Sonntage, die Patrozinien und die Kirchweihen. Zwischen dem 13. und dem 18. Jahrhundert gab es in einzelnen Diözesen sogar mehr als 100 Sonn- und Feiertage ohne Orts- und Kirchweihen. Mit dem Zeitalter der Aufklärung wurde die Zahl der Feiertage auf Antrag der Landesherren von den Päpsten immer weiter reduziert. Nach der Französischen Revolution blieben im Napoleonischen Konkordat von 1802 ganze vier Feiertage übrig. In Deutschland zählte man 1811 noch zehn Feiertage.

Solche althergebrachten Feiertage sind nicht mit Urlaubstagen nach dem Arbeitsgesetz zu verwechseln. Sie sind Geschenke, die uns unsere Kulturgeschichte beschert. Sie besitzen besondere Bedeutung, haben ihre eigene Geschichte und eine lange Tradition. Diese außergewöhnlichen Feste werden an eigens dafür bestimmten Terminen gemeinschaftlich gefeiert – und das unterscheidet solche Festtage von Urlaubstagen, die man planen kann, wann immer dies möglich ist. Feiertage hingegen wurden nicht zur individuellen Freizeitgestaltung erfunden. Sie erinnern an einen besonderen Anlass und werden traditionsgemäß mit einer Feier begangen. Schenken Sie diesen Zeiten mehr Aufmerksamkeit, erst dann werden sie wirklich zu Festtagen.

35 allgemeine Feiertage listet die Internetseite www.feiertage.net für Deutschland insgesamt auf. Dabei handelt es sich allerdings nicht ausschließlich um kirchliche oder gesetzliche Feiertage, an denen arbeitsfrei ist. Berücksichtigt wurden beispielsweise auch der Valentinstag, der Rosenmontag, die Fastnacht, der Aschermittwoch und der Muttertag, der stets auf den zweiten Sonntag im Mai fällt.

Ebenso verhält es sich mit Erntedank, dem Volkstrauertag, dem Totensonntag und den vier Adventssonntagen. Doch immerhin werden 16 gesetzliche Feiertage in Deutschland gezählt, von denen zwölf aus dem kirchlichen Festkalender stammen. Zwei davon, der Reformationstag sowie der Buß- und Bettag, sind auf die Tradition der evangelischen Christen zurückzuführen; Fronleichnam und Mariä Himmelfahrt sind Hochfeste der katholischen Kirche, die übrigen – Epiphanie (Heilige Drei Könige), Karfreitag, Ostermontag, Christi Himmelfahrt, Pfingstmontag, Allerheiligen sowie die beiden Weihnachtsfeiertage – werden in allen Kirchen begangen.

Wollte man einen Beweis führen, dass Traditionen zum Wohl der Menschen sind – allein damit hätte man ihn schon erbracht. Umgerechnet auf die Fünf-Tage-Woche, schenkt uns der christliche Kult zwei ganze Arbeitswochen im Jahr; die 52 Sonntage haben wir ihm ebenfalls zu verdanken. Das sind zusammen 62 Heilige Tage und 62 Gründe, dankbar zu sein.

3 Gute Bräuche pflegen, frohe Feste feiern

Vorbereiten auf Weihnachten

Es gibt ein paar goldene Regeln, die man vor großen Festen beherzigt; soll ein Fest gelingen, bedarf es einer guten Planung und Vorbereitung. Außerdem sollte man sich emotional darauf einstimmen. Vorfreude gehört dazu. Aber ein altes Sprichwort mahnt auch: „Man muss das Fest nicht eher feiern, bis es gekommen ist."

Alles hat seine Zeit, ob Vorbereitung und freudige Erwartung, oder der Anlass und die Feier selbst. Deshalb geht auch dem Weihnachtsfest eine Zeit der Vorbereitung voraus: Das ist die Adventszeit.

Nur, wer bereitet sich innerlich auf Weihnachten vor? Wer findet Ruhe in den Adventswochen? Die Vorweihnachtszeit bis zum Fest wird beinahe ausschließlich mit Stress gleichgesetzt. Die häufig damit einherschreitende Frustration resultiert aus einem hohen Arbeitspensum und einer Mischung aus Überangebot und Übersättigung.

Der Einzelhandel muss seine Warenlager rechtzeitig füllen; die Waren sollen innerhalb weniger Wochen abgesetzt werden. Beim Discounter lachen die Weihnachtsmänner ab Ende September von den Regalen. Lebkuchen finden zu dieser Zeit bereits ihre ersten ungeduldigen Abnehmer. Ab dem ersten Adventswochenende sehen wir Straßen, Vorgärten und Häuserfassaden in ein weihnachtliches Lichtermeer verwandelt. Vielerorts stehen schon Christbäume. In den Kaufhäusern dudeln uns Weihnachtslieder zu – bis Weihnachten will kaum jemand mehr diese Lieder hören. Plätzchen, Christstollen, Bratäpfel und Punsch haben dann ebenfalls Viele schon satt.

Anstatt das Christfest wirklich zu erwarten, nehmen wir ihm zu viel vorweg. Die geistige Vorbereitung kommt stattdessen zu kurz oder findet erst gar nicht statt. Hektik bestimmt die Wochen, die eigentlich die besinnlichsten des Jahres sein sollten. Damit entzaubern wir das Fest.

Steht Weihnachten schließlich vor der Tür, sind alle erschöpft und genervt. Die Freude ist dem Gefühl des Überdrusses gewichen. Das wirkt hinein bis in die Familien, wo es zum Fest nicht selten ordentlich kracht oder dicke Luft herrscht. Dann geht man sich lieber aus dem Weg, und das war es dann mit der fröhlichen Weihnacht, dem Fest der Liebe und der Familie. Zurück bleibt die unerfüllte Sehnsucht nach Frieden, Harmonie und Geborgenheit. Zu Recht fragt der Benediktinermönch Anselm Grün in seinem Buch über Rituale: „Können und wollen wir noch gemeinsam ein Fest wie Weihnachten feiern? Oder müssen wir uns eingestehen, dass wir uns so auseinandergelebt haben, dass ein gemeinsames Fest nicht mehr gelingt?"

Gewiss, sorgt man neben der anstrengenden Arbeit während der Dezemberwochen nicht für den notwendigen Ausgleich und für angemessene Einstimmung, ist man bald überlastet und überreizt. Projizieren Sie daher nicht alle ihre Hoffnungen auf Entspannung auf die arbeitsfreien Weihnachtstage – das wird nicht funktionieren. Nehmen Sie sich schon vorher Zeit dazu, warten Sie nicht, bis sie Ihnen geschenkt wird – denn dann wartet man lange und vergeblich. Kommen Sie selbst zur Ruhe. So wird Weihnachten gelingen.

Widerstehen Sie übertriebenem Konsum, lassen Sie sich kein schlechtes Gewissen bereiten. Seien Sie selbstbestimmt, und nehmen Sie Ihre Einkäufe rechtzeitig vor. Wählen Sie mit Bedacht: Überschütten Sie Ihre Lieben nicht mit Geschenken, schenken Sie sinnvoll und mit Augenmaß.

Den Verlockungen des überreichen Weihnachtsangebots zu entsagen, ist freilich nicht leicht. Das erfordert Konsequenz. Aber Mut zur Reduzierung und Besinnung auf das Wesentliche befreit von Zwängen. Wer dies ernsthaft will, kann verzichten, ohne etwas zu vermissen. Im Gegenteil, Verzicht ist meistens ein Gewinn. Und wer wirklich nach innerer Ruhe strebt, findet auch in der vorweihnachtlichen Betriebsamkeit wohltuende Zäsuren, Zeiten der Stille und der Einstimmung – denn das ist der Sinn des Advents: Besinnung und Vorbereitung auf das Hochfest der Geburt des Jesus von Nazareth. An Weihnachten feiern Christen in aller Welt die Menschwerdung Gottes. Mit Jesus Christus hat eine neue Zeitrechnung begonnen; seine Ankunft ist auch der Beginn unserer christlich-abendländischen Kultur.

Abweichend vom kalendarischen Jahresanfang beginnt daher das Kirchenjahr mit dem Weihnachtsfestkreis. Den Auftakt bildet der erste Adventssonntag zwischen dem 27. November und dem 3. Dezember, den Abschluss bildet das Dreikönigsfest.

Als Kirchenjahr wird im Christentum die jährliche Abfolge von Festen und Festzeiten bezeichnet. Dazu zählen neben dem Weihnachtsfestkreis und den Adventssonntagen die Fastensonntage und der Osterfestkreis sowie die Sonntage in der Osterzeit und im Jahreskreis.

Mit dem ersten der vier Sonntage vor dem 25. Dezember treten wir also in die Adventszeit ein. *Adventus domini* stammt aus dem Lateinischen und heißt „Ankunft des Herrn". Ankunft bedeutet dabei zweierlei: die Geburt Christi und seine Wiederkehr am Jüngsten Tag. Darauf bereiten sich Christen – römisch-katholische, orthodoxe, protestantische sowie anglikanische – traditionsgemäß vor; in der Adventszeit besinnt man sich besonders darauf. Daher werden diese Wochen auch von zahlreichen Bräuchen und symbolischen Handlungen begleitet.

Kerzen, die den Alltag erhellen

Kann man sich Advent und Weihnachten ohne Kerzenlicht vorstellen? Oder hat man jemals eine festliche Tafel anlässlich einer Hochzeitsfeier oder eines Geburtstagsjubiläums ohne Tischschmuck und Kerzen erlebt? Erinnern Sie sich an Ihre Geburtstagstorte mit den Kerzen, die Sie in einem Atemzug ausblasen durften. Sicher haben auch Sie selbst schon oft Kerzen angezündet: bei einer Prozession, am Grab eines verstorbenen Verwandten, an einem Wallfahrtsort, bei einer Feier, anlässlich einer Lichterkettenaktion oder am Adventskranz. In unseren liturgischen und weltlichen Bräuchen spielen Kerzen eine bedeutende Rolle. Sie schaffen festliche, besinnliche oder entspannende Atmosphäre, sie erhellen unseren Alltag im direkten und im übertragenen Sinn.

Eine Kerze spendet eben nicht nur Licht; allein deswegen würden wir sie heutzutage am allerwenigsten benötigen. Vielmehr ist sie zum Lichtsymbol geworden – in der christlichen Gedankenwelt ebenso wie in anderen Religionen und Kulten. Sie symbolisiert die Beziehung zwischen Materie und Geist: Der brennende Docht bringt das Wachs zum Schmelzen. Das Wachs wird Teil des Feuers, das die Dunkelheit erhellt.

Als „Licht, das in der Finsternis leuchtet", bezeichnet der Evangelist Johannes (Joh 1,5) den Gottessohn Jesus Christus. Durch die Kerzen, die wir am Adventskranz nach und nach anzünden, soll der Advent symbolisch immer heller werden und in Christus, dem Licht des Weihnachtsfests, seinen Höhepunkt finden. Das ist die Symbolik des Adventskranzes, wie sie von seinem Erfinder, dem evangelischen Pastor Johann Hinrich Wichern (1808–1881) gedacht war. Deshalb sind der Adventskranz und auch der Christbaum als Höhepunkt des weihnachtlichen Lichterglanzes weit mehr als häusliche Dekoration zur Winterzeit.

Entzünden Sie selbst Kerzen am Adventskranz, nutzen Sie diesen symbolträchtigen Brauchgegenstand. Bringen Sie Licht in Ihren Alltag, der sich in der Vorweihnachtszeit durch Hektik und Stress möglicherweise verdunkelt hat. Nehmen Sie sich ein wenig Zeit für sich; betrachten Sie in Ruhe das Flackern des Kerzenlichts und lassen Sie Ihre Gedanken schweifen. Diese meditative Übung wird Ihnen guttun. Besinnen Sie sich auf die „Ankunft", auch auf Ihre eigene: Wohin gehen Sie? Was macht Sie zufrieden oder glücklich? Was können Sie selbst dazu beitragen? Vielleicht können Sie ein Gebet sprechen. Wenn nicht, lassen Sie einfach Ihre Gedanken ziehen, oder hören Sie beruhigende Musik.

Auf diese Weise können wir uns an jedem Adventsabend unsere eigene kleine Adventsfeier bescheren. Vielleicht gelingt das gelegentlich auch zusammen mit der Familie. Probieren Sie es aus – aber bitte ohne Zwang, denn besonders Jugendliche sind diesbezüglich äußerst empfindlich. Setzen Sie sich zusammen, reden Sie miteinander über alles, was Ihnen und Ihren Lieben am Herzen liegt. Vielleicht überlegt man gemeinsam, wie man Weihnachten feiern will, sodass es für alle ein fröhliches, ein gesegnetes Fest wird. Oder laden Sie doch einmal Freunde an einem Adventsabend zu sich nach Hause ein. Sie müssen das am allerwenigsten um der Traditionspflege willen tun – tun Sie es um Ihretwillen. Traditionen bescheren uns lediglich den Anlass zu solch sinnstiftendem Handeln. Auch deshalb brauchen wir sie.

Die Ankunft gemeinsam erwarten

Eine Sonderform des Kalenders stellt der Adventskalender dar: Er ist kein Kalender im herkömmlichen Sinn, sondern ein christliches Brauchrequisit für die Adventszeit. Er zählt die 24 Tage vom 1. Dezember bis zum Heiligen Abend. Wie der Adventskranz soll auch der Adventskalender die Wartezeit bis zum Weihnachtsfest verkürzen und zugleich die Vorfreude auf das Christfest steigern.

Lange Zeit markierten die Menschen die Adventstage mit einem Kerbholz oder mit Kreidestrichen am Türstock, die von den Kindern, einer nach dem anderen, weggewischt werden durften. Vor etwa 160 Jahren erfand die protestantische Pädagogik dafür einen eigenen Zeitmesser, den Adventskalender. Der erste gedruckte Adventskalender erschien allerdings erst 1902 in einer Evangelischen Buchhandlung in Hamburg. Kurze Zeit später produzierte der Münchner Verleger Gerhard Lang Adventskalender, anfangs mit Bildern zum Ausschneiden, später mit Bildern hinter den 24 Türchen, und schließlich mit Schokolade – sie machte den Adventskalender für Kinder und für manchen Erwachsenen noch schmackhafter. Seit den 1950er-Jahren sind die Adventskalender auch in Amerika vielgefragt; mittlerweile werden diese ursprünglich in Deutschland beheimateten Erzeugnisse sogar weltweit vermarktet.

Die jüngste Entwicklung dieser erfolgreichen Kalender-Geschichte zeichnet sich im sogenannten „begehbaren Adventskalender" ab, der sich derzeit innerhalb nachbarlicher Gemeinschaften einbürgert. Dabei trifft sich die Nachbarschaft an den Adventsabenden jeweils vor einem anderen Haus; das betreffende „Adventshaus" wird passend geschmückt. Manchmal singt die Gemeinschaft miteinander ein Weihnachtslied, ein andermal liest jemand aus der Runde eine Weihnachtsgeschichte vor, um den Anlass zu würdigen. In jedem Fall aber bleibt Zeit für Gespräche; dazu gibt es Getränke und Gebäck.

Sollten sich diese adventlichen Treffen weiter verbreiten, so kann daraus eine gute neue Tradition erwachsen. Traditionen und Bräuche bedürfen der Gemeinschaft, und die Gemeinschaft wiederum profitiert von gelebten Traditionen und den sozialen Kontakten, die sich daraus ergeben. Traditionen grenzen nicht aus, sondern integrieren und vereinen.

Solche Gelegenheiten können auch alleinlebenden Menschen aus ihrer Zurückgezogenheit oder über ihre Vereinsamung hinweg helfen. Traditionen sind gemeinschaftsstiftend.

Im Winter, wenn es grünt

Ich nehme an, dass Ihnen viele Weihnachtslieder geläufig sind. Vielleicht können wir die verschiedenen Texte nicht auswendig singen, doch die bekanntesten Lieder kennen wir alle aus unserer Kinderzeit, aus den Medien, von Weihnachtsfeiern und Christkindlmärkten. Eines der populärsten haben Sie wahrscheinlich schon oft mitgesungen:

O Tannenbaum, O Tannenbaum,
Wie grün sind deine Blätter.
Du grünst nicht nur zur Sommerzeit,
Nein auch im Winter wenn es schneit.
O Tannenbaum, O Tannenbaum,
Wie grün sind deine Blätter.

Der Baum, der im Winter grünt, ist ein altes und beliebtes Weihnachtssymbol, das mehrfach besungen wird. Auch das alpenländische Lied „Es blühen die Maien bei kalter Winterszeit" handelt von diesem Wunder. „Maien" sind Birkenzweige, die an Fronleichnam gewöhnlich die Prozessionswege schmücken; im Volkslied erblühen sie zur Weihnachtszeit. Dieses Phänomen des winterlichen Grüns soll das Unerklärliche, das die Menschheit mit der Christgeburt verbindet, sinnbildlich ausdrücken.

Ein bis heute verbreiteter Brauch besteht darin, am 4. Dezember, der im Volksmund „Barbaratag" genannt wird, „Barbarazweige" zu schneiden. Je nach Gegend handelt es sich um Kirsch-, Apfel-, Birnen-, Pflaumen- oder Holunderzweige. Auch Flieder-, Linden-, Haselnuss-, Weiden- oder

Forsythienzweige finden Verwendung. Am Barbaratag werden sie in eine Vase gestellt, damit sie an Weihnachten erblühen. Die Blüten gelten als Lebenssymbol und stehen damit ebenfalls für die Geburt des Erlösers in der Heiligen Nacht.

Barbara von Nikomedien wird als Märtyrerin verehrt. Der Legende nach lebte sie im 3. Jahrhundert. Sie soll eine kluge und schöne junge Frau gewesen sein, die sich dem christlichen Glauben verschrieben hatte und deshalb alle ihre Verehrer zurückwies. Ihr Vater wollte ihren Glauben brechen; vergeblich ließ er sie in einem Turm einsperren und ordnete schließlich später ihre Enthauptung an. Die Legende berichtet auch, dass Barbara im Verlies einen Kirschbaumzweig mit Wasser benetzt und an seinem Erblühen Trost gefunden hätte.

Dem Volksglauben nach verheißen blühende Zweige an Weihnachten Glück; in der orientalischen Tradition bedeuten sie Ehrerweisung für Sieger und Herrscher und bringen den Wunsch nach dessen Unsterblichkeit zum Ausdruck. Hier schließt sich der Kreis zur christlichen Heilsgeschichte mit Geburt, Leben und Wirken, Kreuzestod und Auferstehung des Jesus von Nazareth. In der ersten Strophe eines weitverbreiteten Weihnachtslieds wird der neugeborene Jesus bildhaft als knospende Rose besungen:

Es ist ein Ros entsprungen
aus einer Wurzel zart,
wie uns die Alten sungen,
von Jesse war die Art.

Hier entspringt die Blüte aus einer Wurzel. Die Stelle, auf die sich das Lied bezieht, stammt aus dem Alten Testament. Dort verhieß der Prophet Jesaja (Jes 11,1) den zukünftigen Messias. In der bildlichen Sprache des Propheten sprießt ein Zweig aus einem Baumstumpf hervor.

Die 2000-jährige christliche Tradition und Kunst hat die

Bildsprache nicht erfunden – Symbolik gab es bereits in früheren Kulturen, und sie existiert auch in anderen Kulturkreisen. Dennoch hat das Christentum eine starke Zeichenhaftigkeit ausgebildet und gepflegt. Das mag uns nicht immer bewusst sein, aber diese Symbolsprache prägt unsere Vorstellungen und unser Handeln bis in die alltägliche Gegenwart.

Verkehrsschilder sind nur ein Beispiel von vielen. Stellen Sie sich vor, die Information, die Sie mit den dreieckigen, runden und quadratischen Zeichen und den verschiedenen Farben verbinden, müsste wörtlich angeschrieben und gelesen werden – ein unvorstellbares Chaos würde auf unseren Straßen entstehen. Und beobachten wir einmal, wie trickreich sich auch die Werbung zahlreicher Symbole bedient, um ihre Produkte abzusetzen; es macht großen Spaß, diese Sprache deuten zu können. Mit ein wenig Übung finden Sie heraus, wer Ihnen etwas „andrehen" will und worauf Sie vertrauen können. Ich werde in einem anderen Kapitel noch ausführlicher darauf zu sprechen kommen.

In der christlichen Symbolik jedenfalls gelten erblühende und grüne Zweige als Zeichen des Lebens. Selbstverständlich liegt diese Vorstellung nahe. Denn wer würde es nicht als belebend empfinden, nach einem langen kalten Winter die ersten grünenden Frühlingsboten in der freien Natur zu entdecken? Deshalb besteht auch der Adventskranz aus den immergrünen Tannen- oder Fichtenzweigen. Als Lebenssymbol soll er auf die weihnachtliche Geburt hindeuten. Mit dieser Geburt ist uns nach christlicher Auffassung ewiges Leben verheißen. Und warum wohl stellt der gebundene Kranz einen Kreis dar? Weil der Kreis die Vollkommenheit abbildet und die Ewigkeit, die keinen Stillstand, keinen Anfang und kein Ende kennt.

Das Tannengrün des Christbaums schmücken wir zur Steigerung seiner Zeichenhaftigkeit mit Lichtern. Während uns der Adventskranz mit seinen vier Kerzen schrittweise durch die Vorweihnachtszeit führt und auf das Hochfest vorbereitet, symbolisiert der Christbaum mit seinem üppigen Lichterglanz den weihnachtlichen Höhepunkt. Darin besteht sein Sinn. Ihn früher aufzustellen, verkennt seine bildhafte Bedeutung.

Der Brauch, zu Festlichkeiten Bäume zu schmücken, hat eine lange Tradition sowohl im weltlichen als auch im liturgischen Jahreskreis. Der Christ- oder Weihnachtsbaum findet seinen Vorläufer im mittelalterlichen „Paradiesbaum".

Am 24. Dezember, den die Kirche lange Zeit als Gedenktag an das erste Menschenpaar Adam und Eva feierte, wurden innerhalb der Liturgie Paradiesspiele aufgeführt. Ein wichtiger Gegenstand, der dabei zum Einsatz kam, war der mit Äpfeln behängte Paradiesbaum, der den Baum der Erkenntnis symbolisierte. Er erinnerte einerseits an den Sündenfall, denn Tod und Sünde waren nach alttestamentlicher Auffassung durch Adam und Eva in die Welt gekommen. Andererseits verhieß der Paradiesbaum die Erlösung der Menschen von Sünde und Tod, die nach der christlichen Glaubensüberzeugung mit der Geburt des menschgewordenen Gottessohnes beginnt. Dafür steht auch unser Weihnachts- bzw. Christbaum.

Um 1600 soll im Elsass der Brauch, einen immergrünen Weihnachtsbaum aufzustellen, schon allgemein üblich gewesen sein. In den schriftlichen Quellen ist die Rede von Tannenbäumen, die mit Papierrosen, Äpfeln und Zuckerzeug geschmückt waren. Wenige Jahre später wurden die Bäume auch mit Wachskerzen beleuchtet. Wie der Adventskranz ist auch der Christbaum protestantischen Ursprungs, deshalb setzte er sich erst im späten 19. Jahrhundert in katholischen Gegenden durch. Ein mit elektrischen Kerzen bestückter Christbaum wurde erstmals 1912 in New York öffentlich aufgestellt. Er fand 1924 seinen deutschen Nachahmer in Weimar.

Wir sind heute ob des jederzeit verfügbaren Überangebots an Waren und Reizen weitgehend abgestumpft. In Zeiten, in denen Wachskerzen noch als wertvoll galten und die Elektrifizierung nur eingeschränkt betrieben werden konnte, wurde ein beleuchteter Christbaum als Besonderheit erachtet. Darum ist es immer wieder ein Erlebnis, mit anzusehen, wie wunderbar kleine Kinder auf brennende Adventskerzen und beleuchtete Christbäume reagieren: Ich erinnere mich jedes Mal an Weihnachten daran, wie unsere mittlerweile erwachsene Tochter im zarten Kindesalter mit großen Augen den Christbaum betrachtete – sie konnte sich kaum satt sehen. Und mit ihren kleinen Fingern strich sie zärtlich über die Knospen der blühenden Barbarazweige, ohne sie zu beschädigen. Ihre kindliche Freude war eine wirkliche Weihnachtsfreude.

Als ich unsere Tochter vor kurzem zum Flughafen brachte, besorgte sie sich vor dem Abflug noch Reiselektüre in einer Buchhandlung. Dort stand auch ein Postkartenständer. Auf einer Karte las ich folgenden Spruch: „Wer sagt, Reichtum sei alles, hat nie ein Kind lächeln gesehen."

Dafür und für unsere fröhliche Tochter war ich nicht nur allein in diesem Moment dankbar.

Lassen wir unsere Kinder am weihnachtlichen Geschehen teilhaben. Schenken wir Ihnen Zeit. Bescheren wir ihnen mit einfachen Mitteln große Advents- und Weihnachtsfreuden: Ein Adventskalender z. B. lässt sich ganz leicht selber herstellen und mit sinnvollen Kleinigkeiten bestücken. Besorgen Sie sich Tannenzweige und binden Sie zusammen mit Ihren Kindern einen Adventskranz. Es spielt keine Rolle, ob er so perfekt aussieht wie einer aus der Gärtnerei. Ich verspreche Ihnen, es wird trotzdem der schönste Adventskranz sein, der jemals Ihr Heim geschmückt hat. Holen Sie sich Barbarazweige aus der Gärtnerei, aus dem eigenen Garten oder bitten Sie Freunde, die einen Garten besitzen, um ein paar Zweige. Bereiten Sie Ihre Kinder auf das kleine Wunder der weihnachtlichen Blüte vor. Schmücken Sie den Weihnachtsbaum gemeinsam. Vielleicht finden Sie Zeit, den Christbaumschmuck selber zu fertigen oder die Zweige mit Selbstgebackenem zu verzieren. Sonne, Mond und Sterne ergeben einen stimmigen Weihnachtsschmuck, der zur rechten Zeit auch verzehrt werden kann. Erzählen Sie von der Bedeutung all dieser Bräuche, schenken Sie ihnen größere Aufmerksamkeit. Ihre Kinder werden es Ihnen danken – jetzt und später noch mehr, weil die guten Erinnerungen sie ihr Leben lang begleiten werden.

Auf diese Weise können auch wir Erwachsene jene Weihnachtsfreuden neu entdecken, die uns im hektischen Getriebe allzu leicht abhanden kommen. Erachten Sie das bitte nicht als naiv, sondern lassen Sie sich darauf ein; es ist heilsam. Ich wünsche uns allen wieder mehr Sensibilität im Umgang mit diesen schönen Traditionen fernab von Kommerz, Kitsch und Sentimentalität.

Spielend lernen mit der Weihnachtskrippe

Weihnachtskrippen faszinieren. Das lässt sich bei jeder der zahlreichen Krippenausstellungen beobachten, die in der Adventszeit landauf, landab stattfinden und großen Zulauf genießen. Menschen über alle Altersgruppen und Gesellschaftsschichten hinweg erweisen sich dann als staunende und begeisterte Krippenfreunde. Aber dieses sogenannte „Krippenfieber" herrscht nicht etwa nur in Bayern, Deutschland oder Europa – weltweit werden alljährlich Krippen aus- und aufgestellt. Gewiss sind prunkvolle Figuren, anheimelnde Inszenierungen oder phantasiereiche Krippenlandschaften ein Grund für diese Begeisterung. Doch ohne die geheimnisvolle und wunderbare Geschichte der Christusgeburt gäbe es keine Krippentradition, die so viele Menschen in tiefster Seele berührt.

Es ist nicht entscheidend, ob eine Krippe aus wertvollen, künstlerisch vollendeten Barockfiguren und einer prächtigen Szenerie besteht, oder ob es sich um eine von Kinderhand geformte einfache Darstellung aus Plastilin handelt. Entscheidend ist, dass wir uns im Moment der Betrachtung sinnbildlich an der Wiege unserer christlichen Kultur und Tradition wiederfinden.

Allerdings ist zu beklagen, dass eine zunehmende Zahl von Menschen immer weniger Ahnung von dieser traditionsreichen Kultur haben, in die sie hineingeboren wurden. Der Autor Peter Ortag bringt diesen Wissensschwund in seinem Überblick über „Christliche Kultur und Geschichte" zum Ausdruck:

„In Deutschland [...] ist der christliche Glaube anhaltend auf dem Rückzug. In den östlichen Bundesländern Sachsen und Thüringen gehören über die Hälfte der Bevölkerung keiner Kirche mehr an. Und deutschlandweit kennen nur noch 23 Prozent der Schüler die biblischen Geschichten. Für viele Deutsche ist das Christentum inzwischen so fremd wie der Islam, das Judentum oder der Buddhismus."

Das ist bedenklich. Denn wie soll sich jemand in einer Kultur zurechtfinden können, die ihm mehr oder weniger fremd ist? In solchen Fällen sind Verständnislosigkeit, Gleichgültigkeit, Orientierungslosigkeit und Probleme unabwendbar vorprogrammiert. Ich bin davon überzeugt, dass die erzieherische Vermittlung religiöser Traditionen Orientierung bietet, weil sich damit auch ein Wertekanon erschließt, eine ethische Grundausrichtung, die sich in gegenseitiger Achtung, Rücksichtnahme und Toleranz widerspiegelt. Diese Tugenden fallen aber nicht vom Himmel: Sie bedürfen der Einübung. Dann können sie zu einer Handlungsanleitung werden, die für ein intaktes soziales Gefüge, eine Familie, Gemeinde und einen Staat unerlässlich ist. Wo moralische und sittliche Normen Anwendung finden, ist respektvoller Umgang und friedliches

Zusammenleben möglich. Nur so funktioniert Gemeinschaft.

Ein befreundeter Grundschulpädagoge erzählte mir folgende Geschichte: Er fragte die 24 Kinder aus seiner bayerischen Dorfschulklasse, welche Familie eine Weihnachtskrippe besitzen würde. Immerhin meldeten sich knapp 50 Prozent. Vier Kinder kannten keine Krippe. Die übrigen Kinder wussten zwar mit dem Begriff „Krippe" etwas anzufangen, kannten sie aber lediglich vom Weihnachtsmarkt oder aus dem Schaufenster des Kaufhauses. Interessant war, dass eben jenem knappen Dutzend von Kindern die biblischen Geschichten von der Geburt des Messias, der Verkündigung an die Hirten und von den Weisen aus dem Morgenland, die dem Stern von Bethlehem folgten, bekannt waren. Sie berichteten von ihren Großeltern und Eltern, mit denen sie vor dem Heiligen Abend Moos für die Krippe sammelten oder Figuren aufstellen durften und die Weihnachtsgeschichte erzählt bekamen. Daher konnten sie auch die Frage nach der weihnachtlichen Botschaft überwiegend beantworten. Ein Mädchen brachte von sich aus eine kritische Frage und gleichzeitig beachtenswerte Antwort in das Unterrichtsgespräch ein: „Wenn das Christkind den Frieden gebracht hat, warum streiten wir dann und werden Menschen getötet? Das Christkind will doch, dass wir zueinander gut sind." In seiner kindlichen Vorstellung hatte das Mädchen unwissentlich die jesuanische Botschaft formuliert, an deren Umsetzung wir Erwachsene und viele Machthaber dieser Welt immer wieder kläglich scheitern. Wer weiß, wie sich dieses Kind im Laufe seines Lebens entwickeln wird. Doch vielleicht hat das Mädchen eines erkannt: dass Konflikte ein Problem darstellen, aber keine Lösung sind. Kann eine derart weitreichende Erkenntnis aus der kindlich-spielerischen Beschäftigung mit einer Weihnachtskrippe erfolgen? Ja, sie kann, wie dieses Beispiel zeigt.

Ich lade Sie nun ein zu einer symbolischen Krippenschau. Dazu greife ich die wesentlichen Figurengruppen heraus.

Das Herzstück jeder Weihnachtskrippe ist die Heilige Familie: Maria, Josef und das Jesuskind. Zusammen mit Ochs und Esel bildet diese Gruppe den inneren Kreis der Krippe. Nach europäischer Tradition wird Maria in den Farben weiß, rot und blau gekleidet. Diese Farben symbolisieren Reinheit, Liebe und Treue. In der christlichen Kunst des Mittelalters steht rot auch für die Erde und blau für den Himmel. Im übertragenen Sinn bedeutet das: Maria vereint Himmel und Erde in sich. Als Erdenmensch hat sie Gottes Sohn geboren.

Nach dem Lukasevangelium (Lk 2,1–7) legte Maria ihr neugeborenes Kind in eine Krippe, weil in der Herberge kein Platz für sie war – gemeint ist eine Futterkrippe in einem Stall. Damit kommen die Tiere ins Spiel. Im Buch Jesaja (Jes 1, 3) heißt es: „Der Ochse kennt seinen Besitzer und der Esel die Krippe seines Herrn; Israel aber hat keine Erkenntnis, mein Volk hat keine Einsicht." Die Deutung lautet: Im Unterschied zum Volk Israel wissen Ochs und Esel, wo Futter zu suchen, also das Gute zu finden ist. Das ist ein symbolischer Hinweis auf den Heiland in der Krippe, der das Gute, nämlich Frieden und Erlösung, bringen soll.

Zum zweiten Kreis in der Weihnachtskrippe zählen die Hirten. Was die szenische Umsetzung der 2000-jährigen Weihnachtsgeschichte damit zum Ausdruck bringt, ist eine umwälzende Aussage: Vor Gott sind alle Menschen gleich. Er unterscheidet nicht zwischen mächtigen Reichen und einflusslosen Armen. Im Weihnachtsevangelium nach Lukas (Lk 2,1–20) erscheint der Engel ausgerechnet jenen, die damals zum niedrigsten Stand zählten:

„In jener Gegend lagerten Hirten auf dem Feld und hielten Nachtwache bei ihrer Herde. Da trat der Engel des Herrn zu ihnen, und der Glanz des Herrn umstrahlte sie. Sie fürchteten sich sehr, der Engel aber sagte zu ihnen: Fürchtet euch nicht, denn ich verkünde euch eine große Freude, die dem ganzen Volk zuteil werden soll: Heute ist euch in der Stadt Davids der Retter geboren; er ist der Messias, der Herr. Und das soll euch als Zeichen dienen: Ihr werdet ein Kind finden, das, in Windeln gewickelt, in einer Krippe liegt."

Diese soziale Gleichstellung, die uns die Verkündigung an die Hirten ins Bewusstsein ruft, erringen die Menschen als gesellschaftspolitische Forderung nur mühsam und erst Jahrhunderte später. Die Losung der Französischen Revolution lautete: Freiheit, Gleichheit, Brüderlichkeit.

Die drei Magier aus dem Morgenland bzw. die Heiligen Drei Könige bilden mit ihrem Gefolge den dritten Kreis des Krippenpersonals. Sie symbolisieren die Dreizahl, die bei vielen Völkern als die heiligste gilt. In den Mythen und Religionen kennzeichnet sie häufig göttliche Konstellationen: die ägyptische Dreiheit von Osiris, Isis und Horus; die römische Triade Jupiter, Juno und Minerva oder die christliche Trinität Vater, Sohn und Heiliger Geist. Die Bedeutung der Dreizahl spiegelt sich auch im Volksmärchen wider: Die Helden haben stets drei Wünsche frei. Sie spricht auch aus Redewendungen: Aller guten Dinge sind drei. Aber vor allem lassen sich die Heiligen Drei Könige als die drei Lebensalter typisieren und den damals bekannten drei Erdteilen zuordnen: Der junge Caspar vertritt als Schwarzer Afrika; der greise Melchior ist geschmückt wie ein europäischer König. Balthasar steht in den besten Jahren und repräsentiert den asiatischen Kontinent. Jeder von ihnen ist in seiner Heimat aufgebrochen. Alle drei haben sie dasselbe Ziel: Sie suchen den „neugeborenen König der Juden", den lange erwarteten Messias. Sie sahen seinen Stern aufgehen und folgten ihm. Der Stern ist das Zeichen für die Führung Gottes, der die Drei Weisen aus den drei Erdteilen zu diesem einen Geburtsort führt. Die christologische Botschaft, die aus der biblischen Erzählung spricht, ist eindeutig: Der Messias ist das Heil *aller* Völker.

Betrachten wir die Drei-Königs-Darstellung in der Weihnachtskrippe daher als Wegweiser für ein friedliches Miteinander der Nationen und der Generationen um unser aller Heil willen. Dieses erstrebenswerte Ziel, das auch den Integrationsgedanken beflügelt, dürfen wir nicht aus dem Blick verlieren. Die Weihnachtskrippe erinnert uns jedes Jahr wieder daran.

Bescheren, spenden, segnen

Wer von uns würde das Weihnachtsfest nicht mit der Tradition des Schenkens verbinden? Wir alle wollen unseren Lieben und Nächsten weihnachtliche Freuden bereiten. Insbesondere für die Kinder stellt die lang ersehnte Bescherung unter dem Christbaum den Höhepunkt des Festes dar.

Es gibt verschiedene Traditionslinien, auf die der Brauch des Schenkens während der Weihnachtszeit zurückgeführt wird. Im alten Rom gab es zum Neujahrsbeginn Geschenke für Bedienstete und Sklaven. Selbstverständlich lässt sich die weihnachtliche Bescherung auch mit den Gaben der Hirten und der Drei Könige für das neugeborene Jesuskind erklären. Doch in erster Linie sind Weihnachtsgeschenke Sinnbilder des einen großen Geschenks, das Gottvater der Welt im menschgewordenen Gottessohn beschert hat.

Lange Zeit war es ausschließlich der Nikolaustag, an dem die Kinder Geschenke erhielten; etwa ab dem 16. Jahrhundert kommen Weihnachtsmann und Christkind ins Spiel. Erst seit dem 19. Jahrhundert wird das Christkind vorwiegend dem katholischen Süden und der Weihnachtsmann dem protestantischen Norden Deutschlands zugeordnet. Ehedem war es genau umgekehrt: Das Christkind bescherte die evangelischen Kinder, der Nikolaus die katholischen. Aus dem Nikolaus entwickelte sich der Weihnachtsmann, und das Christkind verdanken wir Martin Luther; denn die Heiligenverehrung stand nicht im Einklang mit der reformatorischen Lehre. Deshalb verlegte Luther 1535 die Bescherung vom 6. Dezember auf Weihnachten. Der Gabenbringer war nun nicht mehr der Heilige Nikolaus, sondern der „Herre Christ". Dieser stellte aber nicht das Jesuskind in der Krippe dar, sondern war eine Figur aus den Weihnachtsumzügen und Krippenspielen; erst mit der Zeit wurde er zum Christkind verniedlicht.

So freudig uns schenken und beschenkt werden stimmt, die vielen und aufwändigen Geschenke, mit denen wir uns vorzugsweise zu Weihnachten überhäufen, verdecken den eigentlichen Sinn des Festes. Weihnachten ist das Fest der Liebe – Liebe im Sinne von Nächstenliebe. Sie offenbart sich auch darin, wie solidarisch wir mit den Schwächeren dieser Gesellschaft und dieser Welt umgehen. Deshalb hat der Brauch des Schenkens in jüngerer Zeit noch eine andere Form angenommen: Er zeigt sich in den Spenden, die insbesondere während der Advents- und Weihnachtszeit gesammelt werden und karitativen Hilfsorganisationen zufließen. Adveniat, Kinderdörfer, Behindertenwerke, Altenheime und viele andere Einrichtungen sind auf die Zuwendungen unserer Solidargemeinschaft angewiesen. Hier können wir alle Hilfe leisten, die unseren eigenen Möglichkeiten angemessen ist. Spenden Sie aber nicht aus schlechtem Gewissen – seien Sie vielmehr dankbar und freuen Sie sich darüber, dass es Ihnen gut geht. Aus diesem Gefühl heraus können Sie mit freudigem Herzen geben.

Auch in solchen Fällen handeln Sie ganz und gar traditionsgemäß: Als Akt der Nächstenliebe, auf die man sich zum Fest der Liebe besonders besinnt, wurden bereits in frühen Jahrhunderten sozial Schwache und Kinder mit Naturalien und Geldgaben bedacht; nur damals geschah das innerhalb der dörflichen und kleinstädtischen Gemeinschaft. Die Empfänger der Gaben traten in den Wochen vor Weinachten vor die Häuser und brachten gute Wünsche zum Fest oder zum bevorstehenden Jahresbeginn dar. Dafür erhielten sie dem Brauch entsprechend ihren „Lohn". Es handelte sich also nicht um Bettelei, sondern um ein ritualisiertes Tauschgeschäft: Gaben für gute Wünsche und Segen. Darüber berichtet der Chronist und Publizist Sebastian Franck in der Schreibweise des frühen 16. Jahrhundert:

„Drey Dornstag vor Weihnacht klopffen die Maydlin und Knaben von Hauß zu Hauß durch die Statt an die Thüren an, die Zukunfft der Geburtt des Herren verkündigende und ein glückseliges Jar den Einwonern winschende; darvon entpfahen sy von den Haussessigen Öpfel, Birnen, Nuß und auch Pfennig zulon."

Sebastian Frank beschreibt hier den Brauch des adventlichen „Anklöpfelns". Das war ein sogenannter „Heischebrauch". Der Begriff erklärt sich aus einer alten Sitte: Gaben zu „erheischen" war den sozial Schwächeren zu genau festgelegten Zeiten im Jahr gestattet.

Während das „Anklöpfeln" vielerorts in Vergessenheit geraten ist, hat sich das Sternsingen in gewandelter Form bis heute erhalten. Es ist mit dem einstigen Neujahransingen verschmolzen. Ausgeübt wird es nicht mehr von Erwachsenen, sondern meistens von Ministrantengruppen oder Mitgliedern von Jugendorganisationen, jedenfalls von Kindern und Jugendlichen. Die Kirchengemeinden haben sich in den Nachkriegsjahrzehnten wieder neu auf die Tradition des Sternsingens besonnen; daraus entstand im Laufe der Jahre die weltweit größte Solidaritätsaktion von deutschen Kindern für bedürftige Kinder in Entwicklungsländern. Die bundesweite Aktion startet alljährlich zum Jahresbeginn mit der Aussendung der Sternsinger in den einzelnen Diözesen. In Vierergruppen ziehen dann Kinder und Jugendliche als die Heiligen Drei Könige mit Sternenträger kostümiert in Orts- und Stadtteilen umher. Mit Versen und Liedern bringen sie gute Wünsche und Segen in die Häuser und erhalten dafür Spenden. Ihr Segenszeichen schreiben sie mit geweihter Kreide an die Türen: „C+M+B"; dies ist die Abkürzung für *Christus Mansionem Benedicat* und bedeutet „Christus segne dieses Haus". Weil die Sternsinger auch ein Weihrauchfass mitführen, kann man das schöne Ritual buchstäblich riechen.

Freuen Sie sich also, wenn in den Tagen nach Neujahr bis Dreikönig junge Sternsinger auch an Ihrer Tür läuten. Die Sternsinger sind dann vielleicht schon stunden- oder tagelang für den guten Zweck unterwegs. Lassen Sie die engagierten jungen Menschen nicht in der Kälte stehen, weisen Sie soviel Idealismus nicht ab. Die Sternsinger tragen Segen in Ihr Heim, wie es guter Brauch ist – dafür dürfen Sie sich erkenntlich zeigen. Falls Sie den Brauch nicht kennen sollten, haben Sie keine Berührungsängste. Mir sagte ein pfiffiger Pfarrer einmal augenzwinkernd: „An Segensvergiftung ist noch niemand gestorben."

Selbstverständlich kann man sein Heim auch jederzeit selbst segnen. Bevor man sich aber an einer tibetischen Raumreinigungszeremonie mit Räucherstäbchen aus dem Himalaja versucht, empfehle ich lieber eine Tradition aufzugreifen, wie man sie hierzulande kennt: Sie müssen dafür weder einen Workshop besuchen, noch benötigen Sie dazu die Hilfe und Legitimation eines besonders erleuchteten Menschen. Verlassen Sie sich einfach auf die heimatliche Tradition.

Übrigens sehe ich keinen Grund, auf fernöstliche Heilspraktiken ausweichen zu müssen. Mir ist nicht aufgefallen, dass die New Age-Bewegung und ihre Propaganda für alternative Sinnfindung die Menschen auf Dauer glücklicher gemacht hätte. Damit Sie mich richtig verstehen: Ich habe großen Respekt vor anderen Religionen, aber ich finde es sonderbar, wenn in bundesdeutschen Wohnzimmern buddhistische Zeremonien vollzogen werden, die vielleicht auf irgendwelchen Wochenendkursen gegen Entgelt gelehrt wurden. In ihren Ursprungsländern, wo solche Traditionen seit vielen Generationen ihren angestammten Platz haben, erfordern sie Hingabe und jene rituelle Konsequenz, wie sie auch in der christlichen Glaubenskultur aufzubringen wäre. Das wird mit zunehmender räumlicher Entfernung gerne übersehen. Herausgelöst aus ihrem kulturellen Kontext degradiert man den Traditionsimport dann leider häufig zur exotischen Beschäftigungstherapie. Sobald er nicht mehr reizvoll genug oder zu anstrengend erscheint, kann man sich ja jederzeit einem neuen Hobby zuwenden.

Also, lassen wir doch einfach die Kirche im Dorf. Es ist genauso attraktiv und erfüllend, die Traditionen im eigenen Kulturkreis zu kennen und auszuüben. Und damit komme ich zurück auf die weihnachtliche Haussegnung.

Die zwölf Nächte zwischen dem Weihnachtstag und Dreikönig nennt man im Volksmund die „Zwölften". Sie verbinden das alte Weihnachtsfest, das bis ins 4. Jahrhundert am 6. Januar gefeiert wurde, mit dem neuen Festdatum am 25. Dezember – deshalb gelten sie als Festzeit. „Rau(h) nächte" heißen sie, weil in diesen Nächten geräuchert wurde; vereinzelt ist dieser Brauch noch heute in bäuerlichen Familien lebendig: Meist trägt der Hausherr in Begleitung der Familie Weihrauch durch Räume und Stallungen, besprengt sie mit Weihwasser und segnet sie. Während der Zeremonie wird gebetet. Auch das Dreikönigszeichen wird mit geweihter Kreide an die Türen geschrieben. Auf diese Weise unterstellt man Haus und Hof heiligem Schutz, von dem man sich auch die Abwehr von Gefahr und allem Bösen erhofft.

Ich habe den Brauch des Räucherns und der Haussegnung während meiner Kindheit kennengelernt. Am Abend vor dem Dreikönigsfest legte mein Vater mangels Rauchfass ein glühendes Stück Kohle auf eine blecherne Handschaufel, streute Weihrauch darüber und ging die Zimmer unseres Hauses ab. Wir Kinder zogen betend dem duftenden Rauch hinterher. Wir durften auch Weihwasser verspritzen, was uns allerdings gelegentlich mahnende Blicke des Vaters einbrachte, wenn unsere Wassergabe aus Übermut wieder einmal zu großzügig ausfiel. Nach Abschluss der Zeremonie gab es eine gute Brotzeit und wir saßen gemütlich zusammen, bekamen Geschichten erzählt, musizierten oder durften etwas länger als sonst spielen. Besonders schön war für uns Kinder, dass sich bei solchen Anlässen unser Vater Zeit für uns nahm. Was man in Kinder- und Jugendjahren als positiv erlebt, trägt man als Erwachsener gerne weiter. Und so habe ich die Dreikönigssegnung auch in meinen verschiedenen Wohnungen vorgenommen, in der Studentenbude, in der Mietwohnung und selbstverständlich später mit großer Zufriedenheit im eigenen Heim, wo sie mir noch immer ein besonderes Anliegen ist.

Räucherwerk können Sie mittlerweile im Internet bestellen. Dort werden die wohlriechendsten Weihrauchmischungen angeboten, sowie schöne Räuchergefäße, Kohle und allerhand Zubehör. Weihwasser gibt es umsonst in der nächsten Kirche; es sollte in keinem Haus fehlen. Ein geweihtes Dreikönigspäckchen mit Weihrauch, Kohle und Kreide erhalten Sie auch in Ihrer Pfarrei – oder nehmen Sie am besten an einer der Messfeiern vor Dreikönig teil. Informieren Sie sich bei Ihrem Pfarramt oder im Schaukasten vor der Kirche. Am Schriftenstand im Kirchenraum werden sicher auch Faltblätter mit Anregungen zur Haussegnung aufliegen.

Eine Segnung ist ein religiöser Akt. Sie bezeichnet einen Ritus, durch den Personen, Gegenstände oder Gebäude göttliche Kraft, Gnade und Schutz empfangen sollen. Das Wort „segnen" stammt vom lateinischen *signare* ab und bedeutet „mit einem Zeichen versehen". Im Christentum ist damit das Zeichen des Kreuzes gemeint. In seiner inhaltlichen Bedeutung bezieht sich der christliche Begriff „Segen" auf das lateinische *benedictio*. Das heißt, etwas gut- *(bene)* sprechen *(dicere)*, also etwas „preisen" oder „segnen". Das Ritual des Segnens erfolgt mit einem Segensspruch und einer Gebärde. Es gibt zahlreiche und unterschiedlichste Segenssprüche für alle möglichen Situationen: Ich will hier nur an den Haussegen, den Tischsegen, den Krankensegen, den Segen für Kinder, den Ernte-, den Fahrzeug- oder den Reisesegen erinnern. Stets wird Segen zum Wohl der Menschen ausgesprochen. Den bekanntesten Segensspruch bekommen Sie im Schlusssegen einer Messfeier mit auf den Weg: „Es segne und behüte Euch der allmächtige Gott, der Vater, der Sohn und der Heilige Geist."

Meine Frau und ich haben unsere Tochter von ihrem ersten Atemzug an gesegnet. Wir tun es bis heute, sobald wir uns verabschieden oder auf Reisen gehen. Zum Segensspruch gibt es die Gebärde, die Handauflegung oder das Kreuzzeichen. Erst dann gehen wir auseinander und fühlen uns wohl dabei, selbst wenn der Abschied manchmal schwerfällt.

Als ich mich vor kurzem von unserer Tochter mit dem gewohnten Ritual verabschiedete, beobachtete uns ihr Freund dabei. Offensichtlich gefiel ihm, was er sah. Deshalb bekam auch er seinen Segen mit auf den Weg, den er gerne annahm.

Mit etwas Übung können Sie Ihren eigenen, persönlichen Segensspruch erfinden. Ansonsten gibt es schöne Segenssprüche in der Literatur und auch im Internet.

Tiefgründig und fröhlich zugleich sind manche irische Segenssprüche, wie der folgende Segenswunsch für die tägliche Arbeit:

Wenn du strauchelst,
weil dir die Arbeit zu schwer wird,
möge die Erde tanzen,
um dir das Gleichgewicht wiederzugeben.

Jenen Menschen, die sich ihres Glaubens unsicher sind oder deswegen schämen, sei ans Herz gelegt:

Möge es nie einen Augenblick geben,
in dem du dich deines Glaubens schämst.
Aber mögest du viele Stunde erleben,
in denen der Glaube dich zu einem reichen Menschen macht.

Ich will Ihnen hier noch einen Dreikönigs-Haussegen mitteilen, der Ihnen ebenfalls zum Wohl gereichen möge:

Erfüll mit deinen Gaben,
Herr, dieses Haus!
Tod, Krankheit, Seelenschaden,
Brand, Unglück treib hinaus!
Lass hier den Frieden grünen,
verbanne Zank und Streit,
dass wir einander fröhlich dienen
jetzt und in Ewigkeit!

Zum Frieden finden

Weihnachten berührt die Menschen auf ganz unterschiedliche Weise. Die einen freuen sich auf das Fest, auf die Feier im Kreis ihrer Familien oder mit Freunden. Andere stehen Weihnachten nicht unbeschadet durch, weil sie ihre Einsamkeit besonders am Weihnachtsabend bedrückt oder merken, dass so manches in ihrem Leben schief läuft. Die Telefonseelsorge ist in jeder Christnacht im Dauereinsatz; an diesem Abend sind mehr Suizidversuche zu verzeichnen als an jedem anderen Tag im Jahr. Wer am Heiligen Abend allein ist, muss stark sein. Wer mit sich oder Anderen im Unreinen ist, wird in der Christnacht nicht selten davon eingeholt – denn sie ist eine Zeit des Innehaltens und Nachdenkens.

In der Stille der Heiligen Nacht ziehen häufig sogar Menschen Bilanz, die sich als nicht religiös bezeichnen und keine Kirche besuchen. Viele fragen dann nach dem Sinn des eigenen Lebens und Handelns und spüren vielleicht, dass sie etwas ändern sollten. Manche fassen daraufhin gute Vorsätze und setzen sie um, andere stoßen an ihre Grenzen. Doch was bleibt, ist die Sehnsucht nach Frieden – und an Weihnachten ist sie besonders groß.

Weihnachten ist das Fest des Friedens. Daran werden wir alljährlich wieder im Weihnachtsevangelium nach Lukas erinnert:

„Ehre sei Gott in der Höhe und Frieden den Menschen auf Erden, die guten Willens sind." (Lk 2,14)

Diese altüberlieferte Botschaft haben wir alle irgendwie im Hinterstübchen gespeichert. Sie hat sich ins kollektive Gedächtnis eingeprägt – immerhin hatten wir beinahe zwei Jahrtausende Zeit dazu. Verinnerlicht haben wir sie deswegen noch lange nicht, denn der Friede will nicht so recht gelingen, weder im Kleinen noch im Großen. Wir scheitern kläglich und ständig. Es ist, wie Hoimar von Ditfurth einmal gesagt hat, „unsere prinzipielle, aus unserer ‚Natur' entspringende Unfähigkeit, das, was wir als richtig erkannt haben, auch zu tun". In zahlreichen Familien herrscht Streit. In vielen Betrieben wird gemobbt und intrigiert; manche Branchen scheinen dabei besonders anfällig zu sein für Betrug und Korruption. In der Politik stehen Skandale und ihre Aufklärung auf der Tagesordnung. Hohe Erwerbslosigkeit, mangelnde Perspektiven, Angst vor Arbeitsplatzverlust und Armut bringen den sozialen Frieden in Gefahr. Durch drohende Terroranschläge von Extremisten und Machtgelüste von paranoiden Diktatoren hängt der Weltfrieden immer wieder am seidenen Faden. In vielen Ländern der Erde werden Menschenrechte missachtet, es wird gefoltert, gemordet, es werden Konflikte und Kriege ausgetragen. Das ist eine miserable Bilanz, die große Zweifel aufkommen lässt: Hatte der Verkündigungsengel, den wir mit seiner Banderole figürlich in der Weihnachtskrippe dargestellt finden, damals in jener Nacht den falschen Spruch aufgesagt? Oder irrte der Evangelist Lukas bei der Niederschrift seines Textes?

Nein – denn gemeint war und ist der Friede Gottes mit den Menschen. Nach christlicher Überlieferung war dieser Friede seit dem Sündenfall im Paradies gestört; die christliche Theologie spricht von der Erbsünde. Von ihr wurde der Mensch durch die Menschwerdung Christi, durch dessen Kreuzigung und Auferstehung erlöst und so der Friede mit Gott wiederhergestellt.

Das Thema „Erlösung" hat Cosmas Damian Asam, der große Maler und Architekt des Spätbarock, in der bekannten Kloster- und Pfarrkirche St. Michael im niederbayerischen Metten eindrucksvoll abgebildet: Im Deckengemälde des Presbyteriums ist Gottvater im Himmel dargestellt, der die Erlösung der Menschen beschließt. Er fragt, wen er senden soll und bekommt von Jesus die Antwort: *Ecce Ego, Mitte Me!* – „Herr, hier bin ich, sende mich!" Ergänzend zeigt das Altarblatt eine andere figurenreiche Komposition, St. Michael im Kampf mit den Erzengeln.

Bei seinem letzten Besuch in Metten, noch vor seiner Ernennung zum Papst, interpretierte Joseph Kardinal Ratzinger die Darstellung: Nach einer bekannten theologischen Lehrmeinung versuchten die Erzengel, die Menschwerdung Gottes zu verhindern; er sollte sich nicht in die Niederungen des Menschseins begeben. Auf dem Asam-Gemälde stürzt St. Michael jene in die Verdammnis, die sich gegen die Inkarnation Jesu und somit gegen die Erlösung der Menschen wehrten. Mit Weihnachten beginnt dieses Erlösungswerk.

Allerdings wurde der Mensch deswegen nicht aus der Verantwortung entlassen: Er hat seinen freien Willen. Er kann sich für oder gegen Gott entscheiden, für Liebe oder Hass, das Gute oder Böse, für Frieden oder Konflikt. Diese Willensfreiheit besitzt im Christentum eine zentrale Bedeutung; nur wer sich frei entscheiden kann, kann Verantwortung für sein Handeln übernehmen. Nur ein freier, mündiger Mensch kann von einem gerechten Gott zur Verantwortung gezogen werden. Die Schlüsselbegriffe des Christentums, Vergebung der Sünden und Erlösung, aber auch Synonyme wie Versöhnung, Verzeihung und Entschuldigung, wie wir sie in unserer Umgangssprache gebrauchen, wären andernfalls Makulatur. Abt Wolfgang Maria Hagl von der traditionsreichen niederbayerischen Benediktinerabtei Metten sagte mir einmal im gemeinsamen Gespräch: „Die Nagelprobe für jeden Christen besteht darin, verzeihen zu können. Das ist die Kurzformel des Christentums und zugleich die größte Herausforderung: Lebe aus der Versöhnung, und das jeden Tag neu. Nur dadurch wird Frieden möglich." Die Wahl zwischen Frieden und Streit, zwischen Recht oder Unrecht liegt bei uns, denn Gott hat uns den freien Willen gegeben. Gleichzeitig sind wir durch unser Gewissen zum Guten angehalten. Nach John Henry Kardinal Newman (1801–1890) vernimmt der Mensch im Gewissenserlebnis das Echo der Stimme Gottes. Das wird zwar den Atheisten nicht überzeugen – doch das beabsichtige ich hier auch nicht.

Mir fällt in diesem Zusammenhang der Psychotherapeut und Theologe Manfred Lütz und sein Bestseller „Gott. Eine kleine Geschichte des Größten" ein. In seinem Einleitungskapitel „Wider schlampigen Atheismus und frömmelnden Glauben" schreibt er:

„Warum überfallen Sie eigentlich keine Bank – wenn Sie absolut sicher sein könnten, dass Sie niemand erwischt? Was macht Sie so sicher, dass Sie demnächst nicht mit milder Spritze entsorgt werden? Es könnte doch sein, dass die Behandlungs- und Pflegekosten Ihrer demnächst festgestellten komplizierten Krankheit der Gesellschaft beim besten Willen nicht mehr zugemutet werden könnten. Warum kippt man Leichen nicht in den Sondermüll und macht aus Friedhöfen Kinderspielplätze? Woher wissen Sie, dass Ihr Mann Ihnen gerade treu ist? Woher wissen Sie, dass das Kind Ihrer

Frau auch Ihr Kind ist? Also ganz im Ernst – was spricht dafür, dass Gott existiert oder dass er nicht existiert?"

Lütz gibt mit Hilfe Dostojewskis „Die Brüder Karamasow" die Antwort: „Wenn es Gott nicht gibt, ist alles erlaubt."

Was wir wissen: Jesus von Nazareth war eine historisch existierende Person, daran besteht heute kein wissenschaftlicher Zweifel mehr. In den Schriften wird Jesus Christus der „Friedensfürst" genannt. Er verkörperte den Frieden. Dafür starb er. Auch das wissen wir. Warum sollten wir also nicht an den Frieden glauben, an den mit Gott und auch an den unter uns Menschen? Er mag uns immer wieder fern scheinen, weil wir die Mächtigen dieser Welt nicht beeinflussen können. Aber wir sind nicht ohnmächtig, weil wir jederzeit bei uns selber beginnen können: Es kommt lediglich darauf an, ob wir guten Willens sind, wie es in der Weihnachtsbotschaft heißt.

Wenden wir uns an dieser Stelle einmal bewusst dem Gegenteil von Frieden zu, dem Thema „Gewalt". Sie umgibt uns alle täglich, zwar glücklicherweise nicht auf der tätlichen, jedoch u. a. auf der sprachlichen Ebene. Darauf wurde ich im Herbst 2011 aufmerksam gemacht, als ich ein überzeugendes Konzept von einer außergewöhnlichen Frau kennenlernen durfte. Die Sprachwissenschaftlerin und Erfolgsautorin Mechthild Roswitha von Scheurl-Defersdorf lehrt in dem von ihr gegründeten LINGVA ETERNA-Institut in Erlangen den bewussten Umgang mit der Sprache. Sie sagt: „Wörter sind machtvoll – im Positiven wie im Negativen." Deshalb komme es darauf an, wie wir unsere Sprache einsetzen. Wir haben immer die Wahl zwischen einem Wort-„Schatz" und Wort-„Müll". Das erläutert Frau von Scheurl-Defersdorf in ihrem Buch „In der Sprache liegt die Kraft!" anhand vieler Beispiele aus dem alltäglichen Sprachgebrauch. Auch dem Thema „Gewalt" widmet sie darin ein Kapitel. Ihr Anliegen ist es, Gewalt in der Alltagssprache zu erkennen und bessere sprachliche Alternativen zu finden. Denn „Sprache schafft Wirklichkeit" und „Sprache kann auch Wirklichkeit wandeln". Mit Erlaubnis von Mechthild von Scheurl-Defersdorf führe ich hier einige Beispiele aus ihrem Buch an. Doch zunächst soll die Autorin sprechen:

„Bei genauem Hinhören können so manche Bemerkungen den Hörenden zum Schaudern bringen: Da würgt jemand seinen Gesprächspartner mit freundlicher Stimme am Telefon ab. Eltern hauen am Morgen ihre Kinder aus dem Bett, wieder jemand anderes könnte seinem Kollegen eins reinwürgen, in Firmen müssen manchmal Köpfe rollen, im Büro herrscht bei manchen Menschen der Terror …"

Es gibt noch eine Menge anderer Ausdrücke dieser Art: Manchmal nehmen wir etwas „ins Visier" oder „in Angriff", wir sind „gerüstet", wir fahren mit „scharfem Geschütz" auf, nehmen uns aus der „Schusslinie", haben eine „Mords-Gaudi", freuen uns über „Bombenwetter", geben Rat-„schläge" und machen Vor-„schläge", sind auf dem einen oder anderen Gebiet be-„schlagen" oder „schlagen uns so durch". Ideen „schießen" uns durch den Kopf und wir „krieg"-en Geschenke.

„Es ist an der Zeit, den Krieg und seine vielfältigen Auswirkungen aus alltäglichen, unbedachten Redewendungen zu nehmen", empfiehlt Mechthild von Scheurl-Defersdorf aus guten Gründen: Sprache hat eine spürbare Auswirkung auf unsere Umwelt, auf unser Verhalten und nicht zuletzt auf unser Leben in Form von autoimmunaggressiven Erkrankungen. Aber jeder Mensch kann allein durch seinen Sprachgebrauch einen Beitrag zum eigenen Wohlbefinden und für eine friedliche Entwicklung leisten. Denn ob Sie „ein Attentat auf jemanden vorhaben" oder freundlich eine Bitte an jemanden richten, die unterschiedliche Wirkung der beiden Formulierungen werden die Menschen, mit denen Sie zu tun haben, spüren. Sie werden sich dementsprechend unwohl oder wohl fühlen, ohne dass ihnen die Ursache jedoch bewusst wird. Es stimmt friedlicher, eine Arbeit zu „beginnen" anstatt sie „in Angriff zu nehmen". Wir müssen auch nicht „kämpfen", sondern können uns „für eine Sache einsetzen".

Es ist befremdend, wie Politiker vor allem während des Wahlkampfes übereinander herfallen. Freilich, wer sich im „Kampf" befindet, hat einen Gegner, der nach Möglichkeit besiegt werden sollte. Das zwingt dazu, „harte Bandagen anzulegen", „Hiebe auszuteilen" oder „mit scharfer Munition zu schießen". Das provoziert den „Gegner" zum „Gegenschlag". Warum können unsere Politikerinnen und Politiker nicht einfach in einen Wettbewerb eintreten, wie es demokratisch legitimierten Volksvertretern angemessen wäre? Warum reiten manche von ihnen Verbalattacken, anstatt zu versuchen, mit guten Argumenten zu überzeugen? Wenn Sie bei nächster Gelegenheit eine sogenannte Wahl(kampf)rede im Fernsehen erleben, dann drehen Sie einmal den Ton zurück – Sie können beobachten, wie sich kriegerische Sprache auf Körpersprache und Mimik auswirkt.

„Geben Sie bewusst Frieden!" ermuntert Mechthild von Scheurl-Defersdorf. Das gelingt, sobald wir uns um friedlichere Formulierungen bemühen. „Damit erbringen Sie einen bedeutsamen Beitrag, Frieden werden zu lassen. Es ist genug, wenn Sie dies an Ihrer Stelle tun, welche Funktion und Tätigkeit Sie auch immer haben. Sie werden mehr eigenen Frieden verspüren und damit auch Ihrem Umfeld friedvollere Signale geben."

Also achten Sie auf Ihre Sprache. Bescheren Sie sich und anderen Frieden durch eine gute Wortwahl. Sie werden damit keine Kriege verhindern, aber für mehr Entspannung in Ihrer persönlichen Umgebung sorgen. Weihnachten ist ein symbolträchtiger Zeitpunkt dafür und ein guter Anfang. Ich wünsche Ihnen, dass Weihnachten für Sie, auch auf diese Weise, zu einem Fest des Friedens wird.

Gemeinsam Mahlzeiten und Feiertage genießen

Sascha ist Sozialpädagoge. Er ist ein fröhlicher, entspannter Mensch, der als Sänger in einer Rockband den Ausgleich zu seiner beruflichen Tätigkeit findet. Lange Zeit war er als Streetworker unterwegs. Heute kümmert er sich um Kinder und Jugendliche von sogenannten „Problemfamilien". Er hilft ihnen, in die Normalität des Alltags zu finden. Manche Kinder bekommen diese Chance erst gar nicht. Sascha hat mir schon viele Geschichten erzählt.

Da war z. B. der 14-Jährige, der ohne Frühstück mit unordentlicher Kleidung und ohne Taschengeld in die Schule kam. Dort klaute er Mitschülern das Pausenbrot. In Geschäften und Kaufhäusern besorgte er sich auf dieselbe Weise Essbares. Wo sich die Gelegenheit ergab, stecke er auch andere Dinge ein. Seine Diebstähle blieben selbstverständlich nicht unentdeckt – die üblichen Maßnahmen wurden ergriffen. Es wurde die Polizei alarmiert und das Jugendamt eingeschaltet. Irgendwann bekam Sascha den Auftrag, sich um den Jungen zu kümmern. Was er vorfand, war eine Mutter mit fünf weiteren Kindern in einer verdreckten Wohnung. Die Kinder saßen auf einer heruntergekommenen Couch vor dem Fernseher, aßen Chips und Süßigkeiten. Die Mutter bereitete ihren Kindern weder ein Frühstück zu, noch konnte oder wollte sie kochen. In der Wohnung befand sich kein Esstisch. Alles Weitere erspare ich Ihnen.

Dieses Beispiel mag extrem erscheinen, doch sollten Sie glauben, es handle sich um einen Einzelfall, dann irren Sie. Erziehungs- und Grundschullehrkräfte wissen ein Lied davon zu singen, wie viele Kinder morgens hungrig ankommen. Darunter sind auch Kinder von Eltern, die einen alles andere als verwahrlosten Eindruck hinterlassen.

Verwahrlosung muss sich nicht ausschließlich durch schmutzige Kleidung, mangelnde Bildung oder schlechte

Manieren anzeigen; es gibt auch die sogenannte „Wohlstandsverwahrlosung". Eltern auf dem Karriere- oder Selbstverwirklichungstrip sorgen gerne für das materielle Wohl ihrer Kinder, lassen es aber häufig an der emotionalen Zuwendung, an Aufmerksamkeit und Liebe, fehlen.

Um beim Beispiel „Essen" zu bleiben: Heutzutage ist es keine Selbstverständlichkeit mehr, dass Familien gemeinsam frühstücken oder zu Abend essen. Von einem regelmäßigen gemeinsamen Mittagessen kann aufgrund beruflicher Beanspruchungen und schulischer Anforderungen sowieso keine Rede mehr sein. Meist ist mittags jeder sich selbst überlassen, irgendwo und irgendwie seinen Hunger zu stillen.

Was weit über die bloße Nahrungsaufnahme hinausreicht, ist das Ritual des gemeinsamen Mahls zur festen Tageszeit. Glücklich zu preisen sind jene Menschen und Familien, denen das gelingt und die daran festhalten. Mahlzeiten bringen Rhythmus in den Tag; sie schaffen Pausen und ermöglichen Zeit für das gemeinsame Gespräch. Das ist kein Luxus, sondern etwas Notwendiges und Gutes – denn dieser Austausch ist wichtig. Jedes Familienmitglied, ob jung oder alt, hat das Bedürfnis, seine Freuden und Sorgen mitzuteilen. Die Betonung liegt auf „teilen": Wer all dies nicht mit seinen Nächsten teilen kann, muss alleine damit fertig werden. Eben das ist nicht gut und führt vielfach zu Problemen. Schon das bloße Mitteilen von persönlichen Nöten und Problemen schafft Erleichterung. Ein altes Sprichwort besagt: „Geteiltes Leid ist halbes Leid." Eine andere Weisheit heißt: „Einem sprechenden Menschen kann geholfen werden." Oftmals kristallisieren sich im Gespräch bereits Lösungen heraus, weil jemand aus der Familienrunde Rat weiß. Und schließlich braucht es ja nicht immer nur um Sorgen zu gehen – wie schön ist es, der Familie Erfreuliches mitteilen zu können. „Gemeinsame Freude ist doppelte Freude", lautet ein anderes kluges Sprichwort. Freude ist immer gut. Sie beflügelt die Menschen.

Manchmal reicht die Zeit während der Woche einfach nicht aus, regelmäßig gemeinsam Mahl zu halten. Der Alltag ist zu hektisch geworden, Vieles will unter einen Hut gebracht werden. Aber Gottlob gibt es Sonn- und Feiertage. Länger schlafen ist erholsam – doch ganze Vormittage zu verschlafen, ist Zeitverschwendung. Nehmen Sie sich lieber Zeit für ein gemeinsames Frühstück, für wenigstens eine Mahlzeit zusammen mit Ihrer Familie.

Neben ihrer Bedeutung als Erinnerungstage, die uns regelmäßig bestimmte Ereignisse ins Gedächtnis rufen, zeichnen sich Feiertage dadurch aus, dass man sie besonders genießt. Dieser Genuss ist wörtlich gemeint, denn jeder Festoder Feiertag wird traditionsgemäß von einem Festessen gekrönt. An solchen Tagen leistet man sich von alters her besondere Speisen und Getränke.

Früher ging dem Sonntag mit dem Freitag ein Fasttag voraus, und vor den Festzeiten mit den Feiertagen lagen längere Fastenzeiten. Das war nicht nur während der 40-tägigen vorösterlichen Fastenzeit so – es gab auch die vorweihnachtliche Fastzeit, die noch bis spät ins letzte Jahrhundert hinein überwiegend bei der katholischen Landbevölkerung gehalten wurde. In den Klöstern praktiziert man sie noch heute; man ernährt sich hauptsächlich fleischlos, die Sättigung erfolgt nur einmal am Tag. Ein weiteres Mal gibt es eine kleine Stärkung. Im Mittelpunkt steht dabei immer die Übung des Verzichts, keinesfalls eine Kasteiung: So sind die Sonntage stets vom Fasten ausgenommen. Der Sonntag ist ein sogenannter „Fleischtag". Die Rede vom „Sonntags"- und vom „Festtagsbraten" ist also nicht aus der Luft gegriffen.

Längere Festzeiten wie Weihnachten bedurften daher ausgiebiger kulinarischer Vorbereitung. Der vorweihnachtliche Schlachttag stellte überall auf dem Land einen Höhepunkt dar. Dann wurde die „Mettensau" oder der „Weihnachter" geschlachtet, also jenes Schwein, das seit dem Frühjahr dafür vorgesehen und gefüttert worden war. Würste, Fleisch und alles, was man daraus gewonnen hatte, durften erst nach der Christmette und während der Weihnachtsfeiertage verzehrt werden. Außerdem wurde ausreichend Brot gebacken. Weihnachtsgebäck und Plätzchen gab es lediglich bei wohlhabenden Familien – Zucker, Honig, Rosinen, Zitronat und viele andere Köstlichkeiten wie exotische Gewürze waren noch zu Beginn des 20. Jahrhunderts Genussmittel, mit denen sparsam umgegangen wurde, sofern man sie sich überhaupt leisten konnte.

Heute hat der „Weihnachter" seine Bedeutung verloren. Ein reichhaltiges Fleischangebot gibt es beim Metzger und in den Fleischereiabteilungen der Supermärkte ganzjährig. Weihnachtsplätzchen, Süßigkeiten und Backwaren bieten Bäckereien, Konditoren und Discounter lange vor dem Fest feil. Wir brauchen nichts mehr erwarten, und wir können es auch nicht mehr. So ist die Vorfreude auf all die außergewöhnlichen Genüsse zum Fest geschwunden, weil beinahe alles zu jeder Zeit verfügbar geworden ist. Dieser übertriebene Luxus wird in unseren Breitengraden gar nicht mehr als solcher erkannt – er ist bei den meisten zur Selbstverständlichkeit geworden. Doch wer immer aus dem Vollen schöpft, ist bald übersättigt; er wird gar keine Höhepunkte mehr erleben können. Aber genau das sollen Feste sein: besondere Tage, die sich vom Alltag abheben, weil sie anders ablaufen als gewöhnliche Werktage. Dazu gehören Rituale. Auch das gemeinsame Festmahl mit besonderen Speisen im Kreis der Familie oder von Freunden ist ein solches. Dieser Brauch ist uralter Kult, aber alles andere als altmodisch. Der weitgereiste Abtprimas der Benediktiner, Notker Wolf, widmet ein Kapitel in seinem Buch „Aus heiterem Himmel" dem Essen und bestätigt: „Überall auf der Welt bedeutet Essen mehr, als sich den Magen vollzustopfen. Es ist immer ein Gemeinschaftserlebnis." Dazu gehören auch Tischsitten als wichtiger Bestandteil der Esskultur. Gehen Sie mit solchen Traditionen nicht gleichgültig um. Berauben Sie sich nicht durch Unachtsamkeit derart wertvoller und sinnträchtiger Zeremonien. Im Gegenteil, seien wir dankbar und nutzen wir die Gelegenheit zum Ritual des gemeinschaftlichen Speisens so oft wie möglich. Der Festkreis des Jahres hält viele Anlässe bereit, und sogar die Vorbereitung auf diese besitzt einen großen Reiz.

Schon Tage vor einem Fest richteten sich im Elternhaus meiner Frau sämtliche Familienmitglieder darauf ein: Alle halfen zusammen, jeder an seinem Platz. Der Hof wurde gekehrt und aufgeräumt, das Haus geputzt und geschmückt. Die Männer im Haus, der Vater und der Großvater, waren Schneidermeister; daher sorgten sie für das einwandfreie Festtagsgewand aller Familienmitglieder: Sie nahmen Ausbesserungen vor, reinigten, bürsteten und bügelten. Die Tischwäsche wurde von den Frauen vorbereitet, das gute Geschirr gespült und poliert. Der Einkaufszettel war an solchen Tagen länger als sonst – die Besorgungen reichten von Kerzen, Tischschmuck und Blumen bis hin zu den Getränken, Lebensmitteln und Zutaten, die zur Herstellung von guten Speisen und feinem Gebäck gebraucht wurden.

Selbstverständlich bereitete all das Arbeit und machte müde, sodass man am Vorabend rechtzeitig zu Bett ging. Am Festtag hieß es nämlich „früh aus den Federn". Nach dem Frühstück legte jedes Familienmitglied seinen Sonntagsstaat an zum gemeinsamen Kirchgang.

Auch die Zubereitung des Festmahls und die Vorbereitung der Festtafel waren „Gemeinschaftsaktionen". Dem Essen ging das Tischgebet voraus. Während sich danach alle an den wunderbaren Speisen erfreuten, erklang im Hintergrund festliche Musik dezent aus dem Radio oder von der Schallplatte. An solchen Tagen nahm sich die Familie länger als sonst zum Essen Zeit: Es wurde eine Nachspeise gereicht, die es an gewöhnlichen Tagen nicht gab, und man konnte sich Zeit lassen, weil keine werktäglichen Arbeiten anstanden. Nach dem Abwasch hielt man ein Mittagschläfchen oder unternahm einen Spaziergang; wer wollte, konnte sich zurückziehen. Zum Kaffee versammelte sich die Familie wieder um den Tisch.

Zugegeben, das klingt nach heiler Welt. Das war es auch. Das ist es noch immer. Aber solche Gepflogenheiten sind keine Selbstverständlichkeit und funktionieren nicht von selbst. Sie bedürfen konsequenter Pflege. In unserer Familie kümmert sich meine Schwiegermutter seit vielen Jahren darum. Aber jedes Familienmitglied sollte bereit sein, seinen Teil dazu beizusteuern – ein „Tischlein deck dich" gibt es nur im Märchen. Diese familiäre Festtagstradition, die ich seit etlichen Jahrzehnten miterleben darf, wird, Gott sei Dank, bis heute gepflegt. Wir freuen uns jedes Mal darauf. Einige Familienmitglieder sind mittlerweile verstorben; doch in unseren Feierrunden sind sie stets zugegen. Für sie werden Kerzen angezündet, wir reden von ihnen, lachen über manche lustige Begebenheit und, ja, wir trinken auf sie. Wir lassen sie hochleben. So bleiben sie in unserer Erinnerung. Ihre Plätze sind nicht leer geblieben. Unsere Kinder sind herangewachsen und ihre Liebsten sind dazugekommen. Wenn wir uns alle wohlauf wissen, ist das ein besonderer Grund, dankbar zu sein und sich zu freuen. „Man soll die Feste feiern, wie sie fallen", besagt ein gängiges Sprichwort. Das tun wir. Wir feiern Weihnachten, Ostern und Pfingsten, und wir feiern ebenso Familienfeste, Jubiläen, Ausbildungsabschlüsse und unsere eigenen Gedenktage. An solchen besonderen Tagen lassen wir es uns besonders gut gehen. Dazu kann ich auch Sie nur ermuntern.

Tanz, Maskerade und Fröhlichkeit im Fasching

Mein Studium in den 1980er-Jahren verdiente ich mir mit Musizieren. Ich hatte damals das Glück, von einer bekannten Kapelle angeheuert zu werden. Sie war damals schon lange „im Geschäft", wie es im Musikantenjargon heißt, und dementsprechend etabliert, auch in den Medien. Ich gehörte quasi zum Nachwuchs dieser Gruppe, die überwiegend aus Berufsmusikern bestand. Unser Repertoire war vielseitig und wir bespielten alle möglichen Anlässe: Festakte, Jubiläen, Unterhaltungsabende, Konzerte, Hochzeiten, Tanzveranstaltungen und Bälle.

Faschingsbälle zählten zu meinen Lieblingsveranstaltungen. Nach der festlichen Weihnachtsmusik und dem traditionellen Neujahranblasen stellten Faschingsbälle eine willkommene Abwechslung dar, zumal es sich häufig um Maskenbälle handelte. Dann spielten wir moderne Tanzmusik und hatten großen Spaß mit den Maskierten, die sich ausgelassen ihrer Tanzlust hingaben. Der Begriff „Ball" bezeichnet ja ein „Tanzfest". Das Wort wurde aus dem französischen *bal* entlehnt und leitet sich ursprünglich vom lateinischen Verb *ballare* ab. Das heißt „tanzen, springen", und genau das war es, was ich auf den Faschingsbällen mit Vergnügen erlebte. Die Bälle dauerten zwar lang und strengten an, aber ich konnte die fröhliche Stimmung der Menschen in vollen Zügen genießen. Vom Unsinnigen Donnerstag bis zum Faschingsdienstag wurde die Nacht zum Tag gemacht; weil wir oft bis in die frühen Morgenstunden musiziert hatten, kamen wir manchmal erst beim Morgengrauen nach Hause. Es herrschte die sprichwörtlich „verkehrte Welt".

Ich machte mir damals keine Gedanken über die Tradition des Faschings, Karnevals oder der Fastnacht. Hätte mir jemand erzählt, dass es sich dabei um ein von der katholischen Kirche geschaffenes Fest handelt, ich hätte es kaum geglaubt. Doch blicken wir auf die Zentren der katholischen Welt, auf Rom, Venedig, Mainz, Köln, München oder Rio de Janeiro, so zeigt sich: Diese Städte sind zugleich Faschings- bzw. Karnevalshochburgen; der Zusammenhang zwischen Katholizismus und Fasching liegt also nahe. In der häufig als weltlich erachteten Fastnacht scheinen gewichtige geist- liche Aspekte auf. Die Motive der Fastnachtsbräuche liegen also weniger in der antiken Welt oder im vorchristlich-ger- manischen Kult, wie oft spekuliert wird, sondern sie sind in christlicher Zeit zu suchen. Üppige Gelage, Kostümfeste, theatralische Umzüge und Aufführungen in den Tagen vor der Fastnacht waren im christlichen Hochmittelalter üblich. Die Kirche hatte nämlich in ihrem Pragmatismus eines er- kannt: Ausgelassenheit, Tanz, Spiel und Maskerade, Ess- und Trinklust waren berechtigte Verlangen vor der 40-tägi- gen Buß- und Fastenzeit.

Die verschiedenen Bezeichnungen des Festes weisen ein- deutig auf den bevorstehenden Verzicht hin. Das süddeut- sche Wort „Fasching", das besonders im bayerisch-österrei- chischen Raum gebraucht wird, bezeichnet die Fastnacht und das Geschehen davor. Es stammt vom mittelhochdeut- schen Wort „vastschanc" ab und benennt den Ausschank und Trunk vor der Fastenzeit. Aus dem Freudenruf „oho, vaschang!" entwickelte sich im 17. Jahrhundert das Wort „Fasching". Das ebenfalls seit dem 17. Jahrhundert für das närrische Faschingstreiben geläufige Wort „Karneval" ist gleichbedeutend mit dem französischen *carnaval* und dem italienischen *carnevale*. Das lateinische Stammwort *caro* be- deutet „Fleisch". *Carnelevale* bezeichnet die „Wegnahme des Fleisches" während der Fastenzeit, und das scherzhafte *car- ne vale* heißt „Fleisch, lebe wohl!"

Die Funktion des Faschings oder Karnevals besteht darin, eine kurzzeitige närrische, aber eben vergängliche Gegenwelt zur „richtigen" und überzeitlichen Welt aufzubauen. Ein schlüssiges Modell liefert die Zweistaatenlehre des Kirchenlehrers Augustinus: Er setzte die irdische und verderbte Welt gegen die himmlische und reine Welt; somit stünde der Karneval für die lasterhaften Vergnügungen und die bevorstehende Fastenzeit für Buße und Umkehr.

Daraus lässt sich die Gestalt des Narren als Schlüsselfigur des Faschings erklären, der in seiner Torheit Gott aus dem Blick verloren hat und dem Irdischen und Vergänglichen aufsitzt. Ebenso erschließt sich damit die Errichtung närrischer Reiche, die von närrischen Königen oder Narrenprinzen samt Hofstaat regiert werden.

Eine zentrale Rolle im Karneval spielt das Maskieren. Dieser Brauch leitet sich von der Maske als Gesichtsbedeckung ab. Das Wort geht zurück auf das arabische *maskharat*. Es bedeutet „Narr", „Spott", „Scherz" oder „Posse". Die fröhlichen Masken der typischen Fastnachtsgestalten besitzen durchaus tiefgründige Bedeutung: So gibt es die „Verführer der Welt", den Teufel, die Hexen und Riesen. Als „Herrscher der Welt" agieren die Narrenkönige und -prinzen. Hinzu kommen die Narren als „Bürger der Welt"; deren „Verkehrtheit" zeigt sich im Kostüm, das häufig in zwei Farben geteilt ist. Und schließlich kommen auch die Sünder vor, die in der schwäbisch-alemannischen Fastnacht als „Befleckte" mit Fleckengewändern dargestellt werden. Die „Nichtchristen" begegnen uns in Gestalt von Schwarzen, Indianern, Türken, Chinesen oder Japanern. Und es verwundert nicht, dass auch die Sieben Laster Darstellung in der Fastnachtstradition finden. So kommt der Stolz durch Pfau und Pferd zum Ausdruck. Den Neid verkörpert der Drache, den Zorn der Löwe und den Geiz der Fuchs. Bock und Hahn stehen für die Wollust, Bär und Schwein für die Völlerei; die Faulheit symbolisiert der Esel.

Was nach christlicher Auslegung den verbindlichen Wertemaßstab vorgibt, wie die Zehn Gebote, ist in der Narrenwelt außer Kraft gesetzt. Weil die Zahl Elf als erste die Zehn

Gebote (Dekalog) übersteigt, ist sie sinnbildlich zur Zahl der Narren geworden. Dementsprechend beginnt die närrische Zeit am 11.11. um 11.11 Uhr. Dass sie auf den St. Martinstag fällt, hat aber noch einen anderen Grund: Der Beginn der ehemals üblichen 40-tägigen Fastenzeit vor Weihnachten hebt genau diesen Tag im Brauchkalender hervor. St. Martin markiert ebenso wie die Fastnacht den letzten Tag vor dem Fasten. Das hat diesen Tagen auch besondere Essensbräuche beschert – es wird reichlich und fettreich gegessen, wie z. B. die traditionelle Martinsgans und die Faschingskrapfen.

Die älteren Formen des närrischen Treibens haben sich in der Schweiz und in Baden-Württemberg mit der schwä-bisch-alemannischen Fastnacht und im baierisch-österrei-chischen Raum mit dem Fasching erhalten. Jüngeren Ur-sprungs ist der rheinische Karneval. Er etablierte sich in den ersten Jahrzehnten des 19. Jahrhunderts, und zwar als Spott auf die napoleonische sowie preußische Besatzung der rhei-nischen Gebiete. Daraus erklären sich Gardeuniform als Faschingskostüm, Marschmusik wie überhaupt alles pseu-domilitärische Zeremoniell. Der Elferrat, das Parlament des Narrenreichs, deutet auf den Jakobinerrat der Französi-schen Revolution hin. Höhepunkte des rheinischen Karne-vals stellen neben den Karnevals- oder Prunksitzungen die großen Faschingsumzüge dar. Sie wiederum beziehen ihre Vorbilder aus der Zeit der Gegenreformation, denn bereits die Jesuiten erlaubten ihren Studenten am Faschingssonn-tag den Umzug mit Schlitten, auf denen die Schwächen der Welt kritisch thematisiert werden durften.

Die vielen aktiven Karnevalsvereine und Faschingsge-sellschaften fanden sich zur Pflege der traditionellen Karne-valsbräuche zusammen. Ihre Veranstaltungen ziehen alljähr-lich das Interesse großer Massen auf sich. Trotzdem wollen sich laut einer Umfrage des Nachrichtenmagazins FOCUS 75 Prozent der Deutschen als Faschingsmuffel bezeichnen. Das mag daran liegen, dass sich zunehmend weniger Menschen im Fasching kostümieren oder aktiv ins Geschehen stürzen. An Zuschauern am Rande von Faschingszügen oder bei Prunksitzungen, die im Fernsehen ausgestrahlt werden, mangelt es jedoch nicht. Dennoch hat sich die Tradition des Faschingfeierns verändert. Unsere Gesellschaft ist freier geworden – niemand mehr ist auf wenige Tage im Jahr angewiesen, um unterdrückte Bedürfnisse auszuleben oder seine Kritik hinter der Maske zu äußern wie ehedem. Vergnügungen, Tanzveranstaltungen und Partys finden hier wie anderswo während des gesamten Jahres statt. Eine brasilianische Freundin, mit der ich über den Karneval in ihrer Heimat sprach, sagte mir: „Wir tanzen jedes Wochenende Samba, nicht nur im Karneval."

Dennoch ist der Fasching eine Ausnahmezeit geblieben. Manche Veranstaltungen sind ausschließlich dem Karneval vorbehalten; eigens dazu finden sich Menschen zusammen und gestalten fröhliche Feste, auf denen getanzt, gesungen und gefeiert wird. Die Leistungen und Ausrutscher der „Mächtigen" unserer Zeit werden persifliert und auf humorvolle Weise relativiert. Über sie darf gelacht werden – so und so ist ihre Macht nur von kurzer Dauer. Daran zu erinnern, gehört zum Wesen der Fastnacht. Die sogenannte „Fünfte Jahreszeit" ist außergewöhnlich reich an fröhlichen Bräuchen, die uns bei genauer Betrachtung eine Dimension christlicher Spiritualität und Transzendenz eröffnen. Seitdem sich mir die närrische Welt von dieser Seite erschlossen hat, freue ich mich umso mehr über das ausgelassene Maskentreiben: Der vordergründige Unsinn besitzt eben doch seinen tieferen Sinn.

Verzicht und Neuorientierung in der Fastenzeit

Wer wie ich in den 1960er-Jahren in einer ländlich-katholischen Gegend aufgewachsen ist, weiß aus Erfahrung um das Gebot der vorösterlichen Buß- und Fastenzeit. Der Verzicht auf bestimmte Speisen, Getränke oder Genussmittel wurde uns von den Großeltern und Eltern vorgelebt. Im Religionsunterricht bekamen wir die Gründe dafür aus dem Alten und Neuen Testament genannt: Moses fastete 40 Tage auf dem Berg Sinai (Ex 34,28), Jesus fastete 40 Tage und Nächte in der Wüste (Mt 4,1–2). Das genügte. Auf die Einhaltung der beiden strengen Fasttage Aschermittwoch und Karfreitag wurde besonders geachtet – so wollte es die Tradition, so war es Brauch. Wir wären gar nicht auf die Idee gekommen, das zu hinterfragen oder gar zu missachten.

Unsere Einschränkung war also religiös motiviert. Heilfasten zur Entschlackung war den Erwachsenen von damals gänzlich unbekannt, niemand hätte es für notwendig erachtet. Wir Kinder kannten weder Fertiggerichte noch Fastfood – bei uns kam von der Großmutter oder Mutter zubereitete Hausmannskost auf den Tisch. Der Gemüse- und Obstgarten ernährte uns quasi biologisch, an Bewegung mangelte es nicht, es gab noch keine Computer, und fernsehen durften wir nur samstags. Gelegentlich betrauten uns unsere Eltern mit leichteren Arbeiten. Beinahe bei jedem Wetter spielten wir draußen – dann zählte der gesamte Ort, die umliegenden Felder, Wiesen und Wälder zu unserem Spielplatz. Aus heutiger Sicht lebten wir gesund und ebenso bescheiden wie zufrieden. Eine Schlankheitskur musste damals kaum einem Kind verordnet werden. Aber nach den fröhlichen und genussreichen Faschingstagen, die wie der „fette Donnerstag" oder „schmalzige Samstag" zurecht ihre Bezeichnung verdienten, war es trotzdem vorbei mit Krapfen, Gebäck und Süßigkeiten. Ab dem Aschermittwoch hieß es, darauf zu verzichten und 40 Tage lang durchzuhalten. Ostern mit all seinen kulinarischen Verheißungen lag in weiter Ferne.

Heutigen Kindern wird diese Entsagung kaum mehr mit dürftigen Erklärungsmustern wie „weil man das so macht" oder „weil es der Brauch ist", nähergebracht. Das wäre pädagogisch nicht korrekt, und das will unseren Kindern niemand zumuten. Nur beschleicht mich manchmal das Gefühl, dass die einen mit gutgemeinten Erklärungen überfrachtet und andere orientierungslos zurückgelassen werden. Konzepte rücksichtsvoller Kuschelpädagogik wie ausschließlich fachspezifische Lehrmethoden des leistungsorientierten Bildungsbetriebs scheinen diesbezüglich gleichermaßen zu versagen. Das macht sich vor allem hinsichtlich der Allgemeinbildung bemerkbar, zu der neben Verhaltensnormen und Fachwissen genauso ein Quantum kulturelle Kompetenz inklusive religiöser Bildung gehören würde – ja, ich wage sogar von Herzensbildung zu sprechen, die in unserer Leistungsgesellschaft zu kurz kommt. Auch deshalb brauchen Kinder Rituale. Denn regelmäßig wiederkehrende Handlungen und elementare Ausdrucksformen, wie es Bräuche nun einmal sind, symbolisieren komplexe Zusammenhänge unserer Kultur. Sie erschließen sich zwar erst mit zunehmender Reife, aber sie verleihen schon früh Identität und geben Geborgenheit in der Gemeinschaft.

Sollten Sie sich nun fragen, was an vorösterlichem Verzicht gut sein soll, außer dass er Wohlgenährte tatsächlich um ein paar Pfunde erleichtern kann, will ich Ihnen eine Antwort darauf geben. Gewichtsabnahme aus gesundheitlichen Erwägungen mag vielfach ein Motiv für ein modernes Fasten sein, und die Fastenzeit bietet eine geeignete Plattform dafür. Doch darum ging es in der Vergangenheit, die ja vielfach karge Zeiten und dementsprechend mehr schlanke als beleibte Menschen kannte, am allerwenigsten. Die rituelle Entsagung war und ist lediglich Ausdruck einer geistigen Übung, die wir in der Fastenzeit mit den Worten „Buße" und „Umkehr" beschreiben. Das mag vielleicht altmodisch oder beschwerlich für Sie klingen. Für diesen Fall biete ich Ihnen eine moderne begriffliche Brücke an: Spiritualität. Einfach gesagt bezeichnet dieser Begriff eine Haltung jenseits von Materialität. Erinnern Sie sich noch? Der Mensch lebt nicht vom Brot allein. Spiritualität ist vom lateinischen Wort *spiritus* abgeleitet, das im Deutschen „Geist" bedeutet. Wo immer man nachforscht, steht Spiritualität in Zusammenhang mit Religiosität; gemeint ist eine vom Glauben getragene geistige Orientierung und Lebensgestaltung. Die bewusste Entsagung in der Fastenzeit dient daher vor allem der Erziehung und Ausbildung des Geistes. Deshalb will ich an dieser Stelle doch noch das Wort „Buße" ins Spiel bringen. Salopp formuliert bedeutet es: die Erkenntnis der eigenen Fehler und Schuld, die Korrektur der bisherigen Lebensführung und die Hinwendung zu Gott. Selbst wenn mich Religionswissenschaftler dafür kritisieren mögen, behaupte ich: Buße im Sinne von Umorientierung gibt es mit leichten Akzentverschiebungen in allen großen Religionen. Gleichermaßen findet der Bußakt im Fasten zu jeweils bestimmten Zeiten seinen Ausdruck.

Das Tätigkeitswort „fasten" leitet sich ab vom mittelhochdeutschen „vasten" und vom gotischen „fastan". Das bedeutet sinngemäß „festhalten" oder „fest bleiben". Somit beschreibt „fasten" die charakterliche Einstellung derjenigen, die in ihrem Verzicht über den traditionell vorgegebenen oder selbst auferlegten Zeitraum hinweg fest bleiben. Wer sich schon einmal im Fasten geübt hat, weiß, wovon die Rede ist.

Benedikt von Nursia (480–547), der „Vater" des abendländischen Mönchstums und Verfasser der nach ihm benannten, bis heute gültigen Klosterregel, gestaltet die Fastenzeit auf eine geradezu väterlich-verständnisvolle Weise:

„Der Mönch soll zwar immer ein Leben führen wie in der Fastenzeit. Dazu haben aber nur wenige die Kraft. Deshalb raten wir, dass wir wenigstens in diesen Tagen der Fastenzeit in aller Lauterkeit auf unser Leben achten …" Benedikt spricht u. a. davon, dass „wir uns vor allen Fehlern hüten und […] um die Reue des Herzens und um Verzicht [beim Essen und Trinken] mühen."

Hier handelt es sich zwar um eine sogenannte „Mönchsregel". Doch diese beinahe 1500 Jahre alte Regel ist auch außerhalb von Klostergemeinschaften anwendbar: Eigene Fehler möglichst zu vermeiden, oder, wenn sie dann doch passieren, sie einzugestehen und zu bereinigen, ist keine Schande. Mit den Versehen von anderen Menschen nachsichtig umzugehen, stellt eine echte Herausforderung dar. Solche Einsicht und Nachsicht könnte manchen Konflikt in Firmen, Büros und Familien entschärfen. Und wie steht es um Entsagung und Verzicht? Ich rede hier nicht vom Wiener Schnitzel oder vom Bier zur Mahlzeit. Ich denke zum Beispiel an Rechthaberei, Prinzipienreiterei, Misstrauen und Kontrolle. Konflikte auszutragen, Kontrolle ausüben – das alles kostet viel unnütze Zeit. Diese sollten wir sinnvoller nutzen. Entgegenkommen, Kompromissbereitschaft, Vertrauen und Motivation sorgen für friedliche Atmosphäre, bessere Ergebnisse und führen meistens schon deshalb schneller zum Ziel, weil sie weniger Energieaufwand verursachen. So etwas sollte doch nicht so schwer fallen, möchte man glauben – doch an diesen Klippen des täglichen Lebens zerschellen wir alle oft genug. Die Fastenzeit gibt uns die Chance zur Kurskorrektur. Gewissenserforschung zu betreiben, Abbitte bei den Nächsten oder beim Herrgott zu leisten, ist keine leichte Übung, aber eine heilsame. Wer seine Fehler einräumte und Reue zeigen wollte, streute im Mittelalter Asche auf das Haupt und tat Buße. Diese Tradition hat im Symbol des Aschenkreuzes, das der Priester am Aschermittwoch austeilt, überlebt: „Bedenke Mensch, dass du Staub bist und zum Staub zurückkehrst." (Gen 3, 19) Wer sich diese Erkenntnis ernsthaft vor Augen führt, sollte gegen Selbstherrlichkeit und Größenwahn gewappnet sein.

Nach alter christlicher Überlieferung verzichtet man in Fastenzeiten besonders auf Fleisch. Aber weil das für Viele von uns keine wirkliche Entsagung bedeutet, gibt es zahlreiche andere Formen der Askese: Das kann der Verzicht auf Genussmittel wie Kaffee, Alkohol oder Nikotin sein; stundenlanges Computerspielen oder ausgiebige Kneipenbesuche zu reduzieren oder für eine gewisse Zeit ganz abzustellen, ist eine weitere Alternative. Verantwortungsbewussten Konsum zu praktizieren, Müll zu vermeiden oder weniger Energie zu verbrauchen wären alles andere als altmodische Fastenopfer. Mir fallen in diesem Zusammenhang auch die zahlreichen Talkshows im Fernsehen ein; manchmal würde ich mir einen Satz aus der oben zitierten Benediktregel als durchlaufendes Schriftband am unteren Bildschirmrand wünschen: „Er verzichte auf Geschwätz ..."

Wer sich im Fasten üben will, kann sich Anregung holen. Die Aktion „7 Wochen ohne" der evangelischen Kirche wurde 1983 von einer Gruppe von Journalisten und Theologen ins Leben gerufen. Sie dauert von Aschermittwoch bis Karsamstag und gibt interessante Anregungen, eingeschliffene Alltagsgewohnheiten werden überdacht. Daraus eröffnen sich neue Perspektiven. Inzwischen nehmen über zwei Millionen Menschen an dieser Aktion teil. Mit dem Thema „Selbstregulierung" als „bewusste Kontrolle" der eigenen Emotionen und des eigenen Verhaltens beschäftigt sich die „Aktion Verzicht" in Österreich, Tirol und Südtirol. Wer sich für einige Tage zurückziehen möchte, kann auch an Einkehrtagen und Exerzitien, die Bistümer und Klöster anbieten, teilnehmen. Welche Form der vorösterlichen Besinnung Sie auch wählen, Sie werden es nicht bereuen – in jedem Fall werden Sie geistig wachsen.

Dieser „Superstar" lebt ewig

Haben Sie den Film *The Passion Of The Christ* gesehen? Der Streifen des bekannten amerikanisch-australischen Schauspielers und Filmregisseurs Mel Gibson war ein großer Kinoerfolg. Im Erscheinungsjahr 2004 sahen ihn ca.1,4 Millionen deutsche Kinobesucher. In den USA waren es insgesamt 67 Millionen Menschen. Gibsons Werk ist mittlerweile in die Top 30 der kommerziell erfolgreichsten Filme aufgestiegen. In seiner Ausgabe von 2006 bezeichnete das Guinnes-Buch der Rekorde „Die Passion Christi" als erfolgreichsten religiösen Film aller Zeiten.

Gibsons Film war nicht der erste über die Leidensgeschichte des Jesus von Nazareth; seit 1954 versuchen sich Filmemacher an diesem bewegenden Bibelstoff. Einen großen und preisgekrönten Jesus-Vierteiler drehte der italienische Regisseur Franco Zeffirelli 1977 für das britische Fernsehen. Und, wie könnte es anders sein: Keiner dieser Filme blieb von Kritik verschont. Zeffirelli wurde eine respektvolle Inszenierung, aber mangelnde geistig-geistliche Tiefe bescheinigt, Gibson warfen die Kritiker Antisemitismus, historische Ungenauigkeiten und schockierende Gewaltszenen vor. Aber allen, teils vernichtenden Kritiken zum Trotz waren diese Filme große Erfolge.

Viele von uns kennen das Rock-Musical *Jesus Christ Superstar* von Tim Rice (Buch) und Andrew Lloyd Webber (Musik). Die Uraufführung fand 1971 in New York statt, in der Originalinszenierung erlebte die Rock-Oper 720 Vorstellungen. Darüber hinaus wurde sie auf vielen internationalen Bühnen inszeniert, erschien auf zahlreichen Tonträgern und als Film. Die letzte DVD einer englischen Bühnenversion stammt aus dem Jahr 2000. Auch *Jesus Christ Superstar* ist eine Erfolgsgeschichte.

Was alle diese Erfolge zeigen, ist dies: Jesus von Nazareth *ist* ein Superstar. Er beschäftigt nicht nur den Papst, Theologen, Philosophen und Künstler. Er faszinierte Generationen vor uns, und er wird sie ebenso nach uns begeistern. Viele Menschen verehren ihn, obwohl er niemals Sieger einer Casting-Show war oder einen Nummer-1-Hit landete. Seit vielen Jahrhunderten feiern jedes Jahr Millionen von Menschen seine Geburt, begeben sich auf seine Spuren, betrachten seine Geschichte und erinnern sich seiner Taten und Worte, obwohl er als Mensch vor beinahe 2000 Jahren starb. Kaum jemand auf dieser Welt hat jemals größere Bekanntheit besessen als Jesus von Nazareth. Seine Geschichte und seine Botschaft sind so außergewöhnlich und für einen großen Teil der Weltbevölkerung derart bedeutend, dass sie immer wieder erzählt werden. Um den Menschen beides näher zu bringen, bediente man sich vor der Erfindung der modernen Medien und des Films lediglich anderer Darstellungsformen. Die traditionsreichste und populärste Gattung hat sich im volkstümlichen Passionsspiel erhalten.

Das mittelhochdeutsche Wort „Passion" leitet sich vom lateinischen *passio* ab und bezeichnet die leidenschaftliche Hingabe. Christen in aller Welt verbinden mit der Passion die Leidensgeschichte Jesu. Nach christlichem Glauben gab er sich für die Erlösung der Menschen hin, indem er Martyrium und Tod über sich ergehen ließ; daran erinnert der jahreszeitliche Brauchkalender mit der Passionszeit und der Karwoche. Sie beginnt mit dem Palmsonntag, dem sechsten Sonntag in der Fastenzeit. „Kar" erklärt sich aus dem althochdeutschen „Chara". Es bedeutet „Wehklage, Trauer". Am Karfreitag, dem Gedenktag des Todes Jesu Christi, findet die Karwoche ihren Höhepunkt.

Die Passion schauen und hören

Das weltweit berühmteste Passionsspiel wird seit 1634 im oberbayerischen Oberammergau aufgeführt und geht auf ein Pestgelübde zurück. Dargestellt werden die letzten fünf Tage im Leben Jesu. Mit wenigen Unterbrechungen gelangte die Oberammergauer Passion seit 1680 im zehnjährigen Rhythmus auf die Bühne, besetzt ist sie ausschließlich mit ortsansässigen Laienschauspielern; allerdings werden sie mittlerweile professionell angeleitet. Etwa eine halbe Million Zuschauer aus aller Herren Länder verzeichnen die Oberammergauer pro Spielsaison – das Interesse an diesem religiösen Spiel ist ungebrochen. Die Passion zu schauen ist offensichtlich ein ergreifendes Erlebnis geblieben.

Geistliche Volksschauspiele, wie wir sie in den Passions- und Osterspielen, aber auch in den Weihnachts- und Dreikönigsspielen bis heute vorfinden, besitzen eine lange Tradition: Sie sind der mittelalterlichen Liturgie der westlichen Kirche erwachsen. Einer des Lesens und des Lateins unkundigen Bevölkerung konnte das kirchlich gesprochene und gesungene Wort, das Kirchenlatein, nur bildlich oder szenisch veranschaulicht werden. Vom Wort bis zur gespielten Handlung war es nur ein kleiner Schritt; dazu brauchten die für den Gottesdienst vorgesehenen Texte lediglich mit verteilten Rollen gelesen und in kurzen Szenen dargestellt werden. Auf diese Weise entstand das „geistliche Drama". Seine Anfänge liegen im 9. Jahrhundert.

Stoff zur Darstellung hatte sich hinreichend geboten: Am Palmsonntag der Einzug Jesu Christi in Jerusalem, in der Karwoche die Leidensgeschichte, am Karfreitag die Grablegung und schließlich die Auferstehung zu Ostern. Allerdings wurden die Szenen gerne volkstümlich ausgeschmückt und nahmen bisweilen groteske Formen an – so z. B. beim sogenannten „Wettlauf" der Apostel zum Grab Christi, bei dem der ältere Petrus stolpert und dem jüngeren

Johannes schimpfend hinterherhinkt. Derartige Inszenierungen hatten sich auf Dauer nicht mit der Würde des Gotteshauses vertragen. Daher war es nur eine Frage der Zeit, bis sich diese liturgischen Spiele schließlich während des 13. Jahrhunderts über den Gottesdienst und Kirchenraum hinausentwickelten; außerhalb des Gotteshauses stand einer Verweltlichung nichts mehr im Weg. Hier konnte sich das Schauspiel frei entfalten: Der Bibeltext war nicht mehr bindend, neue Texte, Szenen und sogar komische Handlungen wurden hinzuerfunden. Als Darsteller agierten nicht mehr die Geistlichen, sondern Laien. Das wirkte sich auch auf die Sprache aus: Nachdem die Laiendarsteller kein Latein beherrschten, spielten sie ihre Szenen in der Landessprache, was zum Erfolg bei der breiten Bevölkerung führte. Damit hatte die Geburtsstunde des geistlichen Volksschauspiels geschlagen.

Spielbegeisterung und Schaulust erlebten ihren Höhepunkt im Barock und im Zug der Gegenreformation. Das „Komödiespielen" beschränkte sich auf die katholischen Territorien – die Reformatoren konnten mit derlei Praktiken der Bibeldarstellung und Glaubensvermittlung nichts anfangen. Im 18. Jahrhundert sagte schließlich die vernunftbetonte Aufklärung derlei Volksglauben und -brauch den Kampf an. Es hagelte Spielverbote, welche nicht selten tätliche Proteste der Bevölkerung nach sich zogen, aber letztlich hingenommen werden mussten. Damit war die Blütezeit des geistlichen Volksschauspiels vorbei. Eine bescheidene Renaissance erfolgte im 19. Jahrhundert; aber nur einzelne der Hunderte von bayerisch-alpenländischen Passionsspielorten wie Oberammergau, Erl, Thiersee, Waal oder Sömmersdorf konnten ihre Kontinuität bewahren. Schon diese Leistung ist es wert, solche Aufführungen zu besuchen. Hinzu kommen die Professionalität und Leidenschaft, mit der Textbearbeiter, Regisseure, Darsteller, Ausstatter und Requisiteure zu Werk gehen, um das Publikum möglichst unmittelbar in die Zeit und in das Geschehen zu versetzen.

So grausam die Leidensgeschichte war, so groß ist auch die Hoffnung, die gläubige Christen mit der Passion verbinden, denn ein zentraler Inhalt des Christentums besteht im Glauben an ein Leben nach dem Tod durch das Sühneopfer Jesu Christi am Kreuz. Daher verwundert es nicht, dass seine Leidensgeschichte Menschen ergreift. In der Vergangenheit bot sie nicht nur Stoff für geistliche Volksschauspiele oder Inspiration für Filmemacher – stets war sie auch Gegenstand der populären wie der hohen Kunst.

Zu den Musikwerken von Weltrang zählen die Passionen von Johann Sebastian Bach (1685–1750). Seine Kirchenmusik, so stellte der renommierte Musikhistoriker Karl H. Wörner fest, „ist der unmittelbare Ausdruck seines religiösen Glaubens […] Musik ist für ihn ‚zur Ehre Gottes und zur Recreation des Gemütes' da." Und in der Tat, Bachs Kirchenmusikwerke entstanden ausschließlich zweckgebunden für den Gottesdienst; das war seine Aufgabe als Thomaskantor in Leipzig. Hier stand er im Dienst einer jahrhundertealten liturgischen Tradition, denn bereits im 13. Jahrhundert war es Brauch, die Passionsgeschichte im schlichten gregorianischen Lektionston von Geistlichen vortragen zu lassen. Ein Geistlicher fungierte als Erzähler, ein weiterer als Christus, ein dritter stellte das Volk dar. Wie schon vor ihm Heinrich Schütz (1585–1672) griff auch Bach diese Tradition auf. Er ergänzte die Evangelienberichte mit frei gedichteten Textpassagen und komponierte seine Musik für Solostimmen, Chor und Orchester. Damit führte Johann Sebastian Bach die protestantische Kirchenmusik zu ihrem Höhepunkt. Vollständig erhalten sind lediglich zwei seiner Passionen, die Johannes- und die Matthäus-Passion. Sie erklangen ursprünglich während des Gottesdienstes am Karfreitag. Heute werden sie konzertant aufgeführt, und zwar weltweit. Das spricht für die vollendete Musik Bachs und für die

Generationen und Völker umspannende Botschaft, die ihr zugrunde liegt.

Tun Sie sich etwas Gutes. Besuchen Sie eine Bach-Passion. Aufführungen während der Passionszeit gibt es zahlreiche. Lassen Sie sich ein auf diese wunderbare Musik – Sie werden berührt sein und Ihre Freude daran haben.

Die Palmen sind geblieben

In den zurückliegenden Jahren berichteten nicht nur katholische Medien von der Wiederbelebung geistlicher Komödien, szenischer Ölbergandachten oder von mechanischen Ölbergspielen mit beweglichen Figuren und Heiligen Gräbern, die nach jahrzehntelanger Einlagerung und gelungener Restaurierung in Kirchen zur Aufstellung gelangen. Nach alter Tradition werden hier und dort auch wieder Karfreitagsprozessionen abgehalten, bei denen fromme Männer geschnitzte Bildnisse durch den Ort tragen. Mancherorts wird am Palmsonntag der feierliche Einzug Jesu in Jerusalem mit einer lebensgroßen Christusfigur nachgestellt, die, auf einem hölzernen Esel, dem sogenannten „Palmesel", sitzend durch die Straßen gezogen wird. Die gläubige Gemeinde begleitet das Geschehen betend und singend mit bunt geschmückten Palmbuschen. Der niederbayerische Wallfahrtsort Kößlarn hat mit seinem berühmten spätgotischen Palmesel schon mehrfach ein treffliches Vorbild dafür geliefert. „Deutschlands dienstältester Palmesel" wanderte allerdings nach einem Beinbruch und erfolgter Restaurierung 2002 ins dortige Kirchenmuseum und wurde durch einen neuen ersetzt.

All diese Beispiele, die sich in jüngster Zeit wieder häufen, sind Überbleibsel einer einst reichen Spieltradition, die insbesondere im süddeutschen Raum weit verbreitet war. Auch der Palmesel-Brauch ist in Folge der Aufklärung weitgehend zum Erliegen gekommen. Als Relikt überlebte die Palmprozession am Palmsonntag.

Im Orient, der Heimat des Palmbaums, symbolisiert die Palme Sieg, Aufstieg, Wiedergeburt und Unsterblichkeit. In der Bibel lesen wir:

„Als am folgenden Tage die vielen Leute, welche zum [Passah-]Fest erschienen waren, hörten, dass Jesus nach Jerusalem komme, nahmen sie Palmzweige und gingen hinaus, ihm entgegen und riefen: Hosianna! Gepriesen sei, der da kommt im Namen des Herren, der König von Israel!" (Joh 12,13)

Zur Provokation der römischen Besatzungsmacht wurde Jesus bei seinem Einzug in Jerusalem mit Palmzweigen empfangen, dem Zeichen des siegreichen Königs. Zugleich deuten die Palmzweige schon vor der Leidensgeschichte und dem Tod Jesu auf seine Auferstehung hin. Daher sind sie auch zu einem Symbol des christlichen Glaubens an das ewige Leben geworden.

Für die Feier der Palmprozession behalf man sich nördlich der Alpen mangels verfügbarer echter Palmen über die Jahrhunderte hinweg mit einer heimischen Pflanzengattung, der Salweide. Sie blüht im Frühling als erste von allen Weidenarten und bringt als frische Blütenansätze die flauschigen „Palmkätzchen" hervor. Im Volksmund werden die für den Palmsonntag gebundenen Weidenbüschel als Palmbüschel oder -buschen bezeichnet.

Selbstverständlich bestehen die Palmbuschen, die sich in ländlichen Gegenden zum Stolz ihrer Träger auch noch heute zu stattlichen Palmbäumen auswachsen können, aus unterschiedlichen Bestandteilen, die je nach Region variieren: Weide, Buchsbaum, Segenbaum, Lebensbaum (Thuja), Wacholder, Eibe oder Tannenzweige werden zu einem Strauß gebunden. Er kann mit bunten Bändern geschmückt und auf eine Gerte oder lange Stange gesteckt werden kann. So wird aus dem Palmbüschel ein „Palmbaum".

Die mitgeführten, bisweilen kunstvoll gestalteten Palmbuschen erhalten am Palmsonntag ihre Weihe und finden
nach Prozession und Kirchgang ihren Weg in Häuser und
Wohnungen. Weil der Volksglaube den geweihten Palmen-
zweigen eine apotropäische Eigenschaft, also eine Unheil
abwehrende Wirkung, zuschreibt, fanden sie in der Vergangenheit insbesondere bei der bäuerlichen Bevölkerung
mehrfache Verwendung: Zum Schutz vor Unwetter und
Blitzschlag wurden sie am Firstbalken oder unter der Dach-
traufe befestigt und stets hinter das Kruzifix in der Wohn-
stube gesteckt. Bei Gewitter wurden einzelne Palmzweige
im Ofen verbrannt. Aus Palmgerten gefertigte Kreuze kamen
„für eine gute Ernte" auf die Felder, und um gegen Viehseu-
chen gewappnet zu sein, wurden sogar Palmkätzchen unter
das Futter der Tiere gemischt.

All das wird aus nachvollziehbaren Gründen nicht mehr
praktiziert. Doch noch immer ist es in vielen Familien Usus,
die hübschen Palmbüschel im Herrgottswinkel aufzube-
wahren. Geweiht wie das Kreuz sind die Palmzweige ein
Zeichen der Hoffnung; sie zählt neben Glaube und Liebe zu
den drei christlichen Tugenden und bedeutet zuversichtli-
che innere Ausrichtung. Solchermaßen zur häuslichen Zier-
de gewordene Daseinsfreude in Form des symbolträchtigen
Palmzweiges beschert der Jahresbrauch. Der Palmzweig erinnert uns also auch daran, dass wir jeden neuen Tag voller
Zuversicht beginnen dürfen und sollen, denn „jeder Tag ist
ein neuer Anfang", so der amerikanische Literaturnobel-
preisträger Thomas Stearns Eliot (1888–1965).

„Jetzt schlägt's dreizehn" – ein kleiner Exkurs

Als ich vor einiger Zeit über Jahresbräuche referierte, meldete sich bei der anschließenden Diskussion eine etwas genervte Zuhörerin zu Wort. Sie verurteilte den beschriebenen Palmbrauch als Aberglauben aus dem finstern Mittelalter und meinte, solchen Unsinn könne doch heute niemand mehr ernst nehmen. Es sei naiv, an irgendeine schützende Wirkung zu glauben.

Ich zeigte ihr auf, dass uns die aufmerksame Beobachtung menschlicher Verhaltens- und Handlungsmuster täglich eines Besseren belehrt, und dabei kam mir die Kritikerin sogar zu Hilfe: Sie trug nämlich ein Schmuckstück um den Hals, ein silbernes Hufeisen. Bekanntermaßen ist das Hufeisen ein altes Glückssymbol, das unterschiedlich gebraucht wird: Mit der Öffnung nach oben getragen soll das Glück hineinfallen wie in offene Arme; umgekehrt an Türen montiert soll das Glück auf Haus und Hof gelenkt werden. Ich sprach meine Zuhörerin darauf an. Augenblicklich wurde ihr der Zusammenhang bewusst. Als Zeichen ihrer Verwunderung stieß sie ein spontanes, herzerfrischendes „Jetzt schlägt's dreizehn!" aus, womit sie dem Auditorium und mir ein weiteres Beispiel sogenannten Aberglaubens und reichlich interessanten Gesprächsstoff bescherte. Meine Diskussionspartnerin bediente sich einer weit verbreiteten Redewendung, die bei überraschenden, außergewöhnlichen Ereignissen oder Erkenntnissen häufig gebraucht wird. Diesen Kontext exemplarisch zu beleuchten, scheint mir lohnenswert.

Vieles in unserer Ordnung, insbesondere in Religion und Mythologie, basiert auf dem Duodezimalsystem: Es gibt die zwölf Stämme Israels, zwölf Apostel, zwölf Tierkreiszeichen, zwölf Monate, zwölf Raunächte, die Zwölftonmusik oder das Dutzend als Mengeneinheit. Weil jede Uhr nur zwölf Stunden schlägt, setzt der dreizehnte Glockenschlag quasi die geltende Ordnung oder Regel außer Kraft: Die Dreizehn sprengt das Normalmaß. Deshalb gilt sie in vielen Kulturen als Unglückszahl. Im Volksglauben ist „Der Dreizehnte" das Synonym für den Teufel; die Zahl Dreizehn wird dementsprechend als „Teufelsdutzend" bezeichnet.

Darüber kann man lachen oder nicht, jedenfalls hat die aufgeklärte Gesellschaft der Moderne den alten Mythos um die Dreizehn bis heute nicht überwunden. Der Glaube an ein Unglück oder Missgeschick, das sich in Verbindung mit der Dreizehn ereignen könnte, ist derart verbreitet, dass die Geschäftswelt diesen Umstand bewusst in ihr Kalkül mit einbezieht. Dasselbe gilt für den Sport und viele andere Bereiche unseres Lebens. Die gefürchtete Unglückszahl wird, wenn irgend möglich, bewusst vermieden. Ich will Ihnen hierzu ein paar Beispiele liefern:

Bei Pferderennen fehlt die 13 auf der Startbox; in vielen Motorsportdisziplinen verzichtet man kategorisch auf die Startnummer 13. In Krankenhäusern und Hotels gibt es keine Zimmernummer 13, in Hochhäusern keine 13. Etage und in Flugzeugen keine Reihe 13. Den dreizehnten Tag eines Monats wertet man in der westlichen Tradition als Unglückstag. Die Wahrscheinlichkeit eines Unglücks scheint noch größer, sobald der Dreizehnte auf einen Freitag fällt. Auch der Freitag, nach christlicher Überlieferung der Todestag Jesu Christi, gilt als Unglückstag.

Auswertungen von Unfalldaten haben gezeigt, dass der dreizehnte Monatstag keinerlei Einfluss auf die Unfallhäufigkeit im Straßenverkehr hat. Das stört abergläubische Menschen jedoch nicht. Passiert tatsächlich an einem Dreizehnten ein Unglück oder irgendeine andere Misere, wird die Ursache oft im Datum gesehen. Ebenso muss die Unglückszahl häufig als böses Omen herhalten. Das Unbehagen vor der Dreizehn wächst sich bei manchen Menschen regelrecht zur Furcht aus; diese Angst ist derart verbreitet, dass es dafür sogar einen Fachausdruck gibt: Man spricht von der „Triskaidekaphobie".

Der Aberglaube ist in unserer Gesellschaft also unbestreitbar präsent. Er zählt zu den universellen Erscheinungen und existiert in vielfältigen Ausprägungen, auch wenn nicht jede Form ernst genommen wird: Das handhaben und bewerten Anhänger und Kritiker ihrem jeweiligen Weltbild entsprechend unterschiedlich.

Wie so oft gibt es auch für das Phänomen „Aberglaube" bzw. „Volksglaube" keine exakte oder verbindliche Definition. Unter dem Begriff verdammte die mittelalterliche Kirche alles, was im Widerspruch zu ihrer offiziellen Lehrmeinung stand. Die Aufklärung schalt jene Menschen abergläubisch, die sich der Vernunft und naturwissenschaftlichen Gesetzmäßigkeiten widersetzten. Volkskundler sehen im Aberglauben Reste überlieferten Wissens aus Volksmedizin und Alchimie.

Glücksschweine, Schornsteinfeger, Kleeblätter, Sternschnuppen, Amulette, schwarze Katzen, Porzellanscherben, zerbrochene Spiegel und vieles mehr wirken auf die Psyche des Menschen. In diese Symbole aus der Sphäre des Unverbindlichen kann, zusätzlich zur konventionellen Bedeutung, jeder hineininterpretieren, was ihm beliebt. Anders ist es bei religiösen Symbolen und entsprechenden symbolischen Handlungen. Im volksfrommen Umgang mit Sinnbildern fällt es mitunter schwer, eine Trennlinie zwischen Glaube und Aberglaube zu ziehen, denn die Volksfrömmigkeit unterscheidet nicht exakt zwischen offizieller Religion und magischen Vorstellungen. Handelt es sich also beim Anzünden einer geweihten Wetterkerze oder beim Wetterläuten um abergläubische Handlungen oder fromme Übungen? Ist jemand naiv und abergläubisch, weil er daheim einen Palmbüschel aufbewahrt? In jedem Fall reden wir bei der Ausübung volksfrommer Bräuche von kultischen Handlungen. Sie werden aus vielerlei Gründen praktiziert – aus religiösen Motiven und Traditionsgründen, zur Gemeinschaftbildung und Identitätsstiftung oder im Vertrauen auf die Erfüllung besonderer Anliegen. Dafür gibt es keine Garantie – das wissen alle, alles andere wäre naiv. Trotzdem brauchen und pflegen Menschen Rituale und ihre Symbole, bevorzugt solche, die ihnen als Zeichen der Hoffnung und Zuversicht geläufig sind und in denen sie Halt zu finden glauben. Für Christen ist das vor allem das Kreuz.

Das Kreuz tragen

Das deutsche Sprichwörterlexikon verzeichnet unter dem Stichwort „Kreuz" insgesamt 184 Sprichwörter und Redensarten. Bestimmt kämen auch Ihnen spontan einige geläufige Redewendungen in den Sinn, würde man Sie danach fragen. Das Wissen um das Kreuz als religiöses Symbol mit seinen vielen Assoziationen zählt zum Allgemeingut, nicht nur hierzulande. Und seine sprichwörtliche Präsenz in unserer Umgangssprache ist ein greifbares Indiz für seinen Rang im Bewusstsein selbst einer säkularen Gesellschaft. Denn wer wüsste nicht um die Bedeutung von Redensarten wie „jemanden aufs Kreuz legen", „jemanden ins Kreuzverhör nehmen" oder „jeder hat sein Kreuz zu tragen"? Dieses letzte Sprichwort ist bekanntlich auf den Leidensweg Jesu zurückzuführen, der sein eigenes Kreuz bis auf den Berg Golgatha tragen musste. In diesem Sinn tritt das Kreuz in der Passionszeit und vor allem in der Karwoche in den Mittelpunkt.

Die PASSAUER NEUE PRESSE brachte am 5. April 2012 einen reich bebilderten Ganzseiter unter der Überschrift „Dem Sterben und der Auferstehung nachgehen". Diesen Artikel über Kreuzwege und ihre bildhafte Ausgestaltung in der Region empfand ich insofern als außergewöhnlich, weil zur Abwechslung einmal nicht von extrovertierten Sensationsbräuchen und volkstümlichen Kraftmeiereien berichtet wurde, denen sich Medien beim Thema „Tradition" bevorzugt zuwenden. Nein, in diesem Fall ging es um die christliche Kreuzwegtradition, die bis ins 15. Jahrhundert zurückreicht, aber gerade in jüngerer Zeit auch zu neuen Formen gefunden hat.

Blicken wir kurz auf die Ursprünge zurück: In Jerusalem war es bereits um 400 üblich, den Leidensweg Christi nachzuvollziehen. Dazu versammelte sich die Schar der Gläubigen am Gründonnerstag auf dem Ölberg. Doch welcher Gläubige aus dem christlichen Abendland konnte in damaliger Zeit nach Jerusalem pilgern, um sich auf die Spuren Jesu zu begeben? Also sah man eine Möglichkeit des Nachvollzugs in der Nachstellung und Abbildung des Leidenswegs Jesu. Seine *Via dolorosa*, die „schmerzenreiche Straße", die Jesus auf seinem Weg hinauf zur sogenannten „Schädelstätte" Golgatha beschritt, wurde in der Heimat der Gläubigen nachgeahmt. Die einzelnen Stationen von der Verurteilung bis zur Grablegung wurden bildhaft dargestellt, und so entstanden die Kreuzwege – anfangs mit sieben Stationen, im Laufe des 17. und 18. Jahrhunderts mit 14 Leidensstationen. Als Bildtafeln gestaltet finden wir sie in Kirchen; als Bildstöcke im Freien führen sie häufig über einen Anstieg auf sogenannte „Kalvarienberge" zu sakralen Bauanlagen mit lebensgroßen Nachbildungen der Kreuzigungsszene und Bergkirchen. Im Laufe des 20. Jahrhunderts kam zu den 14 Stationen mancherorts eine fünfzehnte, die Darstellung der Auferstehung Jesu, hinzu.

Die ältesten Kreuzwege in Deutschland befinden sich in Nürnberg (1490), Lübeck (1493) und Bamberg (1504).

Der Nürnberger Kreuzweg stammt von Adam Krafft (1455–1509), dem bekannten Bildhauer und Baumeister der Spätgotik, der sich durch sein kunstvolles, über 20 Meter hohes Sakramentshäuschen in der St. Lorenz-Kirche sowie sein Selbstbildnis Denkmale setzte. Seine originalen Kreuzwegreliefs befinden sich heute im Germanischen Nationalmuseum. Die wertvollen Kreuzwegstationen wurden auf dem Nürnberger Kreuzweg durch Kopien ersetzt. Die Strecke reicht von der Altstadt bis zum Johannesfriedhof. Er beginnt am spätgotischen Pilatushaus in der Sebalder Altstadt unweit der Burg und führt durch das Tiergärtnertor über die Burgschmietstraße zum Friedhof. Aufgrund seiner bedeutsamen Epitaphien und Grablegen, aber auch wegen der vielen Rosenbüsche zählt die Stätte zu den weltweit bekanntesten Friedhöfen. Es lohnt sich, den berühmten Nürnberger Kreuzweg abzuschreiten und den Friedhof zu besuchen.

Genauso spannend kann es sein, sich anderswo auf den Weg zu machen. Kreuzwege und Kalvarienberge gibt es vielerorts – es müssen nicht die berühmten sein, denn Ruhe und Besinnung finden Sie an solchen Stätten immer. Eine wird sich auch in Ihrer Nähe befinden. Nehmen Sie sich einmal bewusst die Zeit dafür und lassen Sie sich darauf ein. Die Wochen vor Ostern, die Fasten- und Passionszeit, eignet sich besonders dafür. Diese Übung wird Sie auf andere Gedanken bringen. Sie ist heilsam und wird Ihnen guttun.

Selbstverständlich können Sie auch Kreuzwegandachten besuchen, die während der 40-tägigen Passionszeit und am Karfreitag stattfinden. Darüber nachzudenken, was die einzelnen Stationen mit einem selbst zu tun haben, ist der Sinn solcher Angebote.

Längst gibt es neue Formen des Kreuzwegs: Christliche Gruppierungen suchen seit den 1980er-Jahren nationale Mahnmale und Gedenkstätten auf, um den Opfern des Nationalsozialismus zu gedenken. Ein „Kreuzweg für die Schöpfung" führt im Bistum Hildesheim zu einem Geflügelschlachthof. In Remlingen initiierten evangelische Christen einen Kreuzweg von der evangelischen Kirche zum Atommülllager Asse II.

Um das Bild aufzugreifen, das ich eingangs erwähnte: Jeder hat sein Kreuz zu tragen. Das Leben ist kein Wunschkonzert. Es beschert uns Vieles, was uns nicht gefällt oder aus der Bahn wirft: Probleme, Konflikte, Misserfolge, Unfälle oder Krankheiten und ganz gewiss den Tod. Es kann nicht schaden, darüber nachzudenken, wo man selbst fehlt, anderen Menschen Probleme bereitet und für sie sprichwörtlich „zum Kreuz" geworden ist. Viele Menschen leiden, weil sie an Leib und Seele Schaden genommen haben. Was hält uns davon ab, Angehörige, Freunde, Bekannte, Nachbarn oder Nächste in so schwierigen Situationen zu besuchen und ihr Leid zu teilen? Anderen beistehen, wenn es Ihnen schlecht geht, das Kreuz mit Ihnen zu tragen, und sei es auch nur für eine kurze Strecke, wie es Simon von Cyrene für den zum Tode verurteilten Jesus tat (fünfte Station), ist ein Akt der Anteilnahme und Solidarität. Das Kreuz auf diese Weise zu tragen, fordert bestimmt mehr Überwindung und Engagement, als es sich nur als Schmuckstück umzuhängen. Es ist anstrengender, unbequemer, aber es lohnt allemal.

Auferstehen: mit dem Leben immer wieder neu beginnen

Sinnbildlich betrachtet erleben wir im Laufe unseres Lebens viele Karfreitage. Das hat nichts damit zu tun, wie alt wir werden; ich meine damit auch nicht in erster Linie den alljährlich wiederkehrenden Karfreitag oder die Karfreitagsliturgie, sondern den symbolischen Tod, der uns täglich begegnet. Der österreichische Schriftsteller Karl Heinrich Waggerl (1897–1973) drückte es so aus: „Wir sterben viele Tode, solang wir leben, der letzte ist nicht der bitterste."

In der Tat, wie viele bittere Enttäuschungen, Misserfolge oder Niederlagen begegnen uns im Laufe eines Lebens? Wie viele Möglichkeiten und Chancen verpassen wir, uns aufzuraffen, mutig zu sein, ein Herz zu fassen, Entscheidungen zu treffen, unverzagt zu handeln, Dinge in Ordnung zu bringen, auf Menschen zuzugehen? Mutlosigkeit, Bequemlichkeit, Verharren in alten Positionen, im eigenen Weltbild bedeutet Bewegungslosigkeit. Sie gleicht einem Stillstand im Herzen. Geistiger Herzstillstand hat nichts mit dem klinischen zu tun, der uns am Ende sowieso ereilt. Bis es aber so weit sein wird, ist es sinnvoll, sich immer wieder neu dem Leben zuzuwenden – dem realen in der analogen Welt. Dieses Leben mit seinen Höhen und Tiefen menschlich zu gestalten, ist gewiss keine leichte Angelegenheit. Aber einfach aufgeben stellt keine Alternative dar: Es kostet nämlich immer ein gelungenes Leben, das hier auf dieser Welt einmalig und kostbar ist, egal wie lange oder wie kurz es währt.

Ich habe dabei immer die Passion und das österliche Ereignis vor Augen: Da ist ein Mensch, der zu Unrecht angeklagt wird, er hat niemandem etwas getan. Jedoch ein Herrschaftssystem und eine Religion sehen sich durch seine Lehre infrage gestellt; so etwas kann nicht hingenommen werden. Er wird gefangengenommen, verhört, gegeißelt, verhöhnt, und er schleppt, der Masse ausgesetzt, sein Kreuz, an dem er qualvoll zu Grunde geht, zur Richtstätte. Und Gott, dessen Sohn er sein soll, lässt ihn im Stich. Der Verurteilte ist verlassen und kann sich seines Schicksals nicht erwehren. Gottes Sohn scheint ohnmächtig. Die Erwartungen vieler seiner Anhänger werden nicht erfüllt; sie wenden sich enttäuscht ab, auch seine letzten Getreuen können ihm nicht helfen. Kann Scheitern tragischer sein und noch dramatischer dargestellt werden als im Kruzifixus?

Eigentlich ist das gar nicht auszuhalten – manche Menschen ertragen das auch nicht. Sie haben ihre Probleme mit dem Kreuz; das wollen sie sich und anderen nicht zumuten. Sie rebellieren dagegen. Die Grausamkeit des Scheiterns und des Todes wird verdrängt und überdeckt. Sie passt nicht mehr in das Design einer perfekten Welt, die in Hochglanzmagazinen nur den Erfolgreichen und Schönen zu gehören scheint.

Aber dieses Scheitern, dieser Tod ist ja nur der eine Teil

der Geschichte. Der zweite, wenngleich schwieriger fassbare Teil, handelt von seiner Überwindung, von der Auferstehung.

Die „Historizität des Geschehens" ist allerdings nicht so einfach zu beantworten wie bei der Kreuzigung. Der Auferweckte war keine „wiederbelebte Leiche". Nach neueren theologischen Auslegungen ist seine „Erscheinung", sein Weiterleben nach dem zweifelsfreien Tod und erfolgter Grablegung als eine „visionäre Wahrnehmung" oder „blitzartig aufleuchtende Erkenntnis" seiner Jünger zu deuten (Scholl, S. 134). Am verständlichsten wird diese Gotteserfahrung bei Paulus, dem Jesus als letztem von allen erschienen war. Er schreibt an die Gemeinden in Galatien: „Gott offenbarte seinen Sohn in mir." (Ebd., S. 135)

Abermals sind Auferstehung, Weiterleben und Erscheinung in ihrer Sinnbildhaftigkeit zu verstehen. Sie sind Umschreibungen für einen in seinen Worten und Werken präsenten göttlichen Menschen und menschlichen Gott. Seine Mission kostete ihn das Leben. Der entscheidende Punkt aber ist, dass sein Programm in seinen Jüngern, in der Kirche, in den Gläubigen über die Jahrtausende hinweg weiterlebte.

Seine Botschaft war klar und unmissverständlich: Mitmenschlichkeit und Nächstenliebe bis hin zur Feindesliebe stellte er kompromisslos über alle Machtsysteme, seien sie weltlich oder religiös begründet.

In diesem Sinn auferstehen kann jeder Mensch, indem er sich immer wieder aufmacht und der christlichen Botschaft in seinem Leben Raum gibt. Ostern erinnert daran und liefert jedes Mal das Motiv zum Neuanfang.

Ostern bedeutet Morgenröte

Ostern ist das höchste und älteste Fest der Christen. Wir feiern die Auferstehung Jesu von den Toten. Seit dem Ersten Konzil von Nicäa im Jahr 325 gilt als Ostertermin der erste Sonntag nach dem Frühlingsvollmond. Damit variiert der Festzeitpunkt: Er liegt zwischen dem 22. März und dem 25. April.

Seinen Vorläufer hatte das christliche Ostern im jüdischen Passahfest und nicht in einem germanischen Frühlingfest zu Ehren der Göttin „Ostara" – dennoch hält sich dieser Germanenmythos hartnäckig. Er wurde während der Zeit des Nationalsozialismus genährt, denn die jüdischen Wurzeln des christlichen Osterfestes wollten einfach nicht ins Bild der nationalsozialistischen Weltanschauung samt ihrem vernichtenden Antisemitismus und aggressiven Antikatholizismus passen. So wurde ein ahistorischer germanischer Ursprung einfach dreist erfunden und dort vehement propagiert, wo christliche Traditionen untergraben werden sollten. Ziel dieser Strategie war nicht nur die Demontage christlichen Lebens, sondern die totale Vernichtung des Christentums nach dem sogenannten „Endsieg". Stattdessen sollte die NS-Ideologie zur Religion stilisiert und erhoben werden. Für ein heidnisches Frühlingsfest und andere germanisch-mythologische Phantastereien, die während des Dritten Reichs in die Welt gesetzt wurden, konnte allerdings nie ein wissenschaftlicher Beweis erbracht werden. Für seine wilden Spekulationen mangelte es dem bemühten NS-Personal an jedweden schriftlichen Quellen, während sich hingegen die christlichen Bräuche und Traditionen auf der Grundlage einer 2000-jährigen, schriftgebundenen Kultur entwickelten.

Die Bezeichnung „Ostern" ist hingegen etymologisch, d. h. sprachgeschichtlich, erklärbar. Sie stammt von *Eostro* ab; das bedeutet „Morgenröte". Der älteste literarische Beleg hierzu findet sich um das Jahr 738 bei einem englischen Kirchenhistoriker namens Beda Venerabilis. *Eostro* leitet sich vom Wortstamm *ausos* ab. Im Griechischen wurde daraus *eos*; das heißt „Sonne". Im Lateinischen entstand das Wort *aurora* für „Morgenröte". Im Althochdeutschen formte sich *ôstarum* und im Altenglischen *eastron*.

Warum nun Ostern, die Bezeichnung für Morgenröte, das christliche Synonym für das jüdische „Passah" wurde, dafür gibt es einen plausiblen Grund: In der Osternacht war und ist es vielerorts Brauch, bis zur Morgenröte, somit bis zur Feier der Auferstehung bei Tagesanbruch, wach zu bleiben.

Ostern hat also nichts mit „Ostara" zu tun. Daraus erschließt sich selbstredend, dass auch die Osterkerze, das Osterwasser, das Osterlamm, die Osterfahne, Ostereier, Osterhasen oder Ostergebäck nicht auf einen archaischen Germanenkult zurückzuführen sind.

Österliche Symbole: Sinnbilder neuen Lebens

Ein Fest wie Ostern kommt nicht ohne Requisiten aus; sie spielen sowohl im liturgischen Vollzug als auch im volksfrommen und weltlichen Brauch eine bezeichnende Rolle. Wie bewusst uns das ist und wie ernst wir diese Symbole nehmen, steht auf einem anderen Blatt. Ich will Ihnen hierzu eine kleine Geschichte erzählen:

Während eines österlichen Familienbesuchs vor einigen Jahren kam unsere Tischgesellschaft auf das Thema „Bräuche" zu sprechen. Wir waren uns einig darüber, dass Bräuche und Symbole, wie sie uns die Tradition beschert, ganz selbstverständlich zu unserem Leben gehören; sie setzen wahrnehmbare Akzente im Jahreslauf. Ohne sie würde uns nicht nur etwas fehlen – nein, vielmehr bereichern sie unser Leben. Mein Neffe Stefan, damals 16 Jahre, heute ein erfolgreicher junger Mann, gesellte sich im Laufe des Gesprächs zu unserer Runde und brachte sich mit ein. Er meinte, mit *unseren* Bräuchen habe *er* nichts zu tun. Als ich ihn fragte, was für ihn Bräuche seien, antwortete er: „Na ja, das was manche Vereine so machen. Trachten tragen, Tänze vorführen, Blasmusik spielen und solche Sachen eben." Da möchte er schon lieber Fußball spielen, ließ er mich wissen. Unser Tisch, um den wir uns versammelt hatten, war österlich geschmückt und er hatte sich im Verlauf des fortgeschrittenen Nachmittags von einer Kaffee- zu einer Brotzeittafel gewandelt. In der Mitte des Tisches brannte die Osterkerze, das Osterlamm mit Fahne war bereits stückweise kleiner geworden, in einer Schale lagen bunt gefärbte Ostereier. Was bliebe übrig, wenn wir alle diese Dinge heute nicht hätten, fragte ich meinen Neffen. „Dann wär's ein normaler Sonntag, aber nicht Ostern", lautete seine Erkenntnis. Dann wollte ich von ihm noch wissen, wer das Osterlamm gebacken und die Eier gefärbt hatte. Es war seine Mutter, und beim Eierfärben hatte er sogar kurzzeitig geholfen. Abschließend stellte ich ihm die Frage, ob seine Mutter einem „Osterlamm-Backverein" oder er einem „Rote-Eier-Färbe-Verein" angehöre, was er selbstverständlich vollkommen aberwitzig finden musste. Dass er aber durch seine Mithilfe beim Eierfärben, die Teilnahme an unserer Tischrunde und den Verzehr von Lamm und Eiern eine altüberlieferte Tradition pflegte, dämmerte ihm jetzt – eine Vereinsmitgliedschaft war dafür nicht vonnöten.

Wir fanden an diesem Abend noch reichlich Gesprächsstoff und hatten viel Spaß miteinander. In der Rückschau kann ich heute eines behaupten: Dieses anregende Gespräch inspirierte auch mich. Meinem Neffen Stefan verdanke ich die Idee zu diesem Buch.

Schauen wir aber nun auf die erwähnten österlichen Symbole und was sie uns sagen. Gemeinsam ist ihnen zumeist eines: Sie versinnbildlichen das Leben, das auferstandene ebenso wie jenes, das es ständig neu zu beginnen gilt.

Das Osterlamm, von dem wir alle gern naschen, wird zum Fest überall in Konditoreien angeboten. Es ist zusammen mit der Fahne das Zeichen des Sieges über den Tod und versinnbildlicht somit den Auferstandenen. Dieser Vergleich geht auf Johannes den Täufer zurück, der Jesus als „Lamm Gottes" (Joh 1,29) bezeichnete. Das sanftmütige und unschuldige Lamm war nach dem Widder das häufigste Opfertier im jüdischen Kult; daher rührt der Bezug zum Opfertod Christi. In der frühchristlichen Kunst ist dieses Sinnbild seit dem 4. Jahrhundert zu finden. Es begegnet allenthalben in religiösen Bildern und Skulpturen.

Die Osterkerze steht ebenfalls für das Opfer und die Auferstehung Christi, der sich wie die Kerze für andere aufzehrte und zugleich Licht und Lichtgestalt des neuen Lebens ist. In der Osternacht wird die Kerze bei der Weihe des Taufwassers ins Wasser getaucht. Sinnfällig spiegelt sich der komplexe geistige Sachverhalt auch in der Ostertaufe, die anscheinend wieder öffentliche Aufmerksamkeit erfährt; gerade in den letzten Jahren mehrten sich Berichte darüber in den Medien.

Der Ingolstädter Donaukurier berichtete am 9. April 2007: „Mit der Taufe in der Osternacht hält die Stadtpfarrei Hl. Geist [Neuburg] eine Tradition der christlichen Urkirche aufrecht. Diesmal taufte Pfarrer M. P. den kleinen Jonas E. J. vor den stolzen Eltern und einer bis auf den letzten Platz gefüllten Pfarrkirche." Die Wiener Zeitung titelte am 6. April 2012: „Seit 20 Jahren sind die meisten Erwachsenen, die sich taufen lassen, Zuwanderer. Ostertaufen nehmen zu." Aus diesem Artikel lässt sich trotz seiner Aussage kein Trend ableiten. Doch handelt es sich hier zweifellos um bewusste Akte geistiger und kultureller Integration, die einem friedlichen Miteinander in dieser Gesellschaft über alle politischen Anstrengungen hinaus zuträglich sein werden.

Eine besondere Bedeutung in Religion und Brauch kommt den geweihten österlichen Speisen und dem sogenannten

„Osterfrühstück" zu. Der tiefere Sinn der österlichen Speisensegnung und des anschließenden häuslichen Verzehrs der geweihten Esswaren liegt darin, die Tischgemeinschaft mit dem Auferstandenen auch im familiären Kreis zu halten. Nach der 40-tägigen Fastenzeit, die ehedem streng eingehalten wurde, war die üppige Osterspeise aus Eiern, Schinken, Brot, Meerrettich, Salz, gebackenem Osterlamm, bisweilen auch Osterwein, ein kulinarischer Höhepunkt. Diesen Brauch zu üben, dürfte niemandem schwergefallen sein. Überdies versprach sich die Bevölkerung von den geweihten Naturalien umfassende Heil- und Segenswirkung. Die Osterspeise war daher nicht nur für die agrarische Gesellschaft obligatorisch.

Mir ist das sogenannte „Geweihte-Essen" nicht nur aus Kindertagen bekannt; auch in unserer Familie pflegen wir diese Tradition gerne weiter. Das Osterfrühstück ist ein einmaliges und daher besonderes Zeremoniell im Jahresbrauch, das wir nicht missen möchten. Ich bin überzeugt, viele von Ihnen werden diesen Brauch ebenso pflegen. Wenn nicht, dann wagen Sie doch etwas Neues in der Familie, oder laden Sie Freunde ein. Das bringt sprichwörtlich Fröhlichkeit und Leben in die „Bude" – auch das ist Ostern.

Und noch etwas: Schenken Sie Ihren Lieben, Freunden oder Bekannten ruhig einmal (wieder) ein Osterei: aus anständiger Tierhaltung, selbstgefärbt, rot und geweiht, versteht sich, weil es etwas Außergewöhnliches sein soll, das es nur an Ostern gibt. Bei all den Lebensmittelskandalen, die wir aufgetischt bekommen, ist das eine durchaus verantwortungsbewusste wie traditionsreiche Geste, die Ihre österliche Freude und Aufmerksamkeit zum Ausdruck bringt.

Ostern ist nicht denkbar ohne Osterei und Osterhase. Sie sind die populärsten Ostersymbole, die uns lange vor dem Fest begegnen.

Insbesondere die Massen verlockender Schokoladeneier und -hasen wollen dann verzehrt werden. Die Lebens- und

Genussmittelindustrie beabsichtigt nicht ihre Aufbewahrung bis zum Osterfest. Der vorzeitige Konsum garantiert den massenhaften Absatz, selbst wenn das am Sinn des vorösterlichen Fastens vorbeizielt. Insofern nehmen diese säkularen Requisiten des Überflusses ein wenig von jener Freude vorweg, die eigentlich erst das Osterfest mit all seinen Genüssen bereiten sollte.

Ehedem war der Alltag bescheidener – dafür wurde zu den Heiligen Zeiten für achtbaren Überfluss gesorgt; dieser ergab sich aus dem vorherigen Verzicht. Die Kirche hatte seit dem frühen Mittelalter auf die 40-tägige Fastenzeit vor Ostern bestanden. Verboten war der Verzehr von Fleisch warmblütiger Tiere einschließlich tierischer Produkte wie Milch und Eier. Sie galten als „flüssiges Fleisch". Erst die Speisenweihe beim Osterfestgottesdienst hob dieses Verbot wieder auf. In der Zwischenzeit sammelte sich indessen ein Überschuss an Eiern an, denn die Wochen vor Ostern sind nun einmal gute Legezeiten im Hühnerstall. Also musste der Eierüberschuss kompensiert werden: Er führte zwangsläufig zum Ostereibrauch. Fällige Pachten wurden mit Eiern beglichen, der Pfarrer erhielt sogenannte „Beichteier" für das Abnehmen der Osterbeichte und die Abgabe des Osterweihwassers. Schließlich eigneten sich die geweihten Eier auch als Ostergeschenke. Für die Segnung bedurften sie der Kennzeichnung; deshalb erhielten sie ihre Färbung oder Verzierung. Auf diese Weise wurde aus einem gewöhnlichen Hühnerei ein „Osterei".

In den Schöpfungsmythen vieler Völker verkörpert das Ei den Ursprung des Lebens. So liegt es nahe, dass es auch im Christentum zum Auferstehungssymbol geworden ist. Aus dem Ei entsteht neues Leben, das die Schale durchbricht. Dieser Vorgang versinnbildlicht die Auferstehung Jesu, der Tod und Grab überwunden hat. Die Volksfrömmigkeit hält dafür manchen Sinnspruch bereit, mit dem Ostereier beschriftet wurden: „Wie der Vogel aus dem Ei gekrochen, hat Jesus Christus das Grab zerbrochen." Insbesondere das rote Osterei soll das österliche Geschehen veranschaulichen. Seine Farbe spielt auf den lebendigen Christus und sein vergossenes Blut an. Der christliche Brauch des Eierschenkens stellt folglich eine sinnfällige Geste dar, die im Glauben an die Auferstehung Christi geschieht.

Der Osterhase besitzt weitaus weniger Symbolgehalt als das Osterei. Trotzdem hat er seinen festen Platz in der Osterzeit gefunden.

Einen ersten schriftlichen Hinweis auf den Osterhasen liefert der Arzt Johannes Richier in seiner Heidelberger Doktorarbeit von 1682. Er berichtet darin über Erkrankungen nach unmäßigem Verzehr von Ostereiern, die „Haseneier" genannt wurden. In diesem Zusammenhang erwähnt Richier ebenfalls den Osterhasen. Man würde nämlich Kindern und einfältigen Menschen einreden, dass dieser die Eier brächte, so der Arzt. Wie der Adventskranz dürfte der Osterhase eine evangelische Erfindung gewesen sein, denn er taucht ausschließlich in Berichten evangelischer Autoren auf.

Die Bezeichnung „Haseneier" leitet sich nicht direkt vom Hasen ab; dahinter steckt ein bestimmtes Motiv, mit dem Ostereier bemalt wurden. Darüber berichtet wiederum der berühmte Goethe-Maler Johann Heinrich Wilhelm Tischbein (1751–1829). Er beschreibt die Ostereierherstellung im Hause seines Großvaters in Haina im protestantischen Nordhessen. Vor Ostern wurden dort Eier mit Figuren in verschiedenen Farben bemalt: „Auf einem standen drei Hasen mit drei Ohren, und jeder Hase hatte doch seine gehörigen zwei Ohren." (Moser 2002, S. 158) Hierbei handelte es sich um das sogenannte „Dreihasenbild", dessen bekannteste Darstellung als Fenstermaßwerk im Kreuzgang des Paderborner Doms zu bewundern ist. Das Motiv zeigt drei springende Hasen, die in Kreisform angeordnet sind. Die drei Tiere sind an den Ohren so zusammengefügt, dass jeder Hase seine zwei Ohren hat, aber das Motiv insgesamt mit nur drei Ohren auskommt. Die drei Ohren ergeben ein gleichseitiges Dreieck. Es symbolisiert die Dreifaltigkeit und gleichfalls ein kirchliches Dogma, nämlich die Einheit in der Dreiheit und deren Unauflöslichkeit. Dieses populäre Dreihasenbild war ein beliebtes Ostereimotiv, das die religiöse Symbolik gefärbter Eier zusätzlich betonte.

Nachdem es zu Ostern Eier mit Hasen gab, lag umgekehrt auch nahe, dass der Hase an Ostern die Eier brächte. Das hatte sich bei den evangelischen Familien eingebürgert, so wurde es auch den Kindern vermittelt. In der bürgerlich-städtischen Familienwelt um 1800 erlebte der Osterhase schließlich seinen Durchbruch, aber erst in den 1930er-Jahren überschritt er die Konfessionsgrenzen und erreichte die ländlichen und katholischen Gegenden. Dennoch stellt die Figur des Osterhasen eine weitgehend profane Erscheinung dar, das zeigt seine Entwicklungsgeschichte: Der Osterhase wurde für die Kinderstube kreiert, über Kinderbücher verbreitet und von der Süßwarenindustrie vermarktet. Als Traditionsgegenstand ist er weder in der Liturgie noch im religiösen Brauch verankert. Sein Zweck besteht ausschließlich in seiner Bedeutung als österlichem Kindergeschenk und saisonalem Dekorationsartikel.

Auf Symbole achten

Traditionen finden häufig in Symbolen oder symbolischen Handlungen Gestalt und Ausdruck. Bräuche kommen nicht ohne bezeichnende Gegenstände oder zeichenhafte Requisiten aus, was in den zurückliegenden Kapiteln bereits mehrfach angeklungen ist. Ich will hierzu noch ein paar Gedanken ergänzen.

Der Begriff „Symbol" geht auf das griechische Wort *symbolon* zurück. Das entsprechende Tätigkeitswort *symballein* bedeutet „zusammenfügen". Dieses Zusammenfügen besaß in der antiken Kultur einen sinnfälligen Hintergrund: Wollten zwei Parteien sicherstellen, dass sie einander wiedererkennen, benutzen sie ein „Symbolon": Das war ein Gegenstand, der in zwei Teile zerbrochen wurde. Jeder Partner erhielt ein Bruchstück. Beim erneuten Zusammentreffen mussten die Bruchstücke zusammengefügt werden – damit war der Beweis der Legitimität beider Partner und ihrer Übereinkunft erbracht.

Ein Symbol ist also ein zusammengefügtes Sinnbild oder Erkennungszeichen. Es stellt eine Art Code dar für etwas Unausgesprochenes, das es aber zu verstehen gilt bzw. manchmal nur von Eingeweihten verstanden werden kann.

Augenfällig wird das im Straßenverkehr. Er könnte nicht reibungslos funktionieren, würde die Verkehrssymbolik nicht von den Verkehrsteilnehmern erfasst werden. Wer die Bedeutung von Verkehrszeichen missachtet, setzt sich und andere großer Gefahr aus. Deshalb dürfen nur Geschulte und Geprüfte ein motorisiertes Fahrzeug bewegen. Die Führerscheinprüfung ist so gesehen auch eine Ausbildung in der Zeichensprache der Straßenverkehrsordnung.

Wie man an diesem Beispiel erkennt, begegnen uns Symbole täglich. Kaum ein Bereich unseres Lebens kommt ohne sie aus. Auch die Kleidung ist ein guter Beleg dafür: Denn die Berufskleidung von Ärzten, Richtern, Priestern oder die Uniform von Soldaten und Polizisten will uns etwas signalisieren, ebenso wie das weiße Brautkleid, das Ballkleid, der Traueranzug, der Frack, die Tracht oder der Sportdress eigene Botschaften transportieren. Symbole zu ignorieren, muss nicht ständig mit Gefahren für Leib und Leben verbunden sein wie im Straßenverkehr oder etwa im Hoch-, Tief- oder Bergbau. Aber die verschiedenen Chiffren zu kennen und entsprechend deuten zu können, zählt zu den unerlässlichen Kompetenzen, um sich in der Welt dieser nonverbalen Kommunikation zurechtzufinden. Ihre Zeichen wollen verstanden werden, wie auch Udo Becker in seinem Lexikon der Symbole befindet: „Die Beschäftigung mit Symbolen kann uns helfen, Mittel und Wege zu finden, hinter die Dinge zu sehen und visuelle und verbale Manifestationen der so wunderbar vielfältigen und vielschichtigen Welt miteinander zu verknüpfen."

Das gilt besonders für die komplexen religiösen Zusammenhänge und rituellen Symbole in unserer multikulturellen Welt. Religiöse Zeichen und bezeichnende Handlungen zu erkennen, sie zu achten, zeugt von gegenseitiger Anerkennung. Sie ist Voraussetzung für ein funktionierendes, friedliches Zusammenleben. Wer nicht weiß, warum eine Osterkerze in geweihtes Wasser getaucht wird oder Ostereier geweiht werden, wird darin statt einer rituellen Handlung nur unnützen Hokuspokus erblicken. Unwissenheit bedingt Achtlosigkeit und manchmal mangelnden Respekt, der schnell zu Irritationen führen kann. Wer meint, sich im knallbunten Radlerdress mit seinem Rennrad unbedingt den Weg durch eine morgendliche Fronleichnamsprozession bahnen zu müssen, lässt jene Sensibilität und Rücksichtnahme vermissen, die eine solche Situation gebieten würde. Es gibt Spielregeln – sie spiegeln sich in symbolischen Akten. So betritt man jüdische Synagogen und Friedhöfe nur mit Kopfbedeckung; vor einem Gebet in der Moschee erfolgt eine rituelle Waschung, und die Schuhe werden abgelegt. In einem christlichen Gotteshaus nehmen die Männer ihre Kopfbedeckung ab. Alle kultischen Stätten, gleich welcher Religion sie entspringen, verdienen angemessenes Verhalten, das der Würde des Ortes Rechnung trägt. Gegenüber weltweit anerkannten Symbolen von Religionen und Glaubensgemeinschaften ist Respekt und *political correctness* angesagt. Bei sensiblen Symbolen wie dem jüdischen Davidsstern, dem christlichen Kreuz oder dem islamischen Halbmond verbietet sich jede Form des provozierenden oder verunglimpfenden Umgangs. Es gibt zahlreiche bedeutungsvolle und auch mit großen Emotionen behaftete Wahrzeichen, die den Menschen heilig sind. Man darf die Gefühle von (gläubigen) Menschen nicht verletzen, deshalb müssen auch ihre Symbole heil bleiben. Das gilt übrigens nicht nur für religiöse Sinnbilder, sondern auch für Hoheitszeichen wie Fahnen und Wappen.

Bräuche im Freien begehen

Mit fortschreitender Jahreszeit und zunehmend wärmeren Temperaturen werden viele Bräuche im Freien begangen. Diese Tradition kündigt sich bereits mit dem Osterfest an: Für die Kinder ist es am Ostertag ein großer Spaß, die im Garten versteckten Osternester zu suchen und spielend herumzutollen. In Erinnerung an den Gang der Jünger nach Emmaus pflegen Familien, Pfarrgemeinden und Vereine am Ostermontag einen ausgedehnten Spaziergang, den sogenannten „Emmausgang".

Der Bezug ergibt sich aus dem Lukasevangelium (Lk 24,13–35): Zwei der verstörten Jünger Jesu machten sich am dritten Tag nach der Kreuzigung von Jerusalem aus auf den Heimweg nach Emmaus. Auf ihrem Weg hatte sich den Trauernden ein unbekannter Mann angeschlossen, der ihnen die Mission des Messias erläuterte. In Emmaus luden die beiden Jünger den Unbekannten zum Mahl ein. Erst als er das Brot brach, erkannten sie den Auferstandenen, der aber in diesem Moment vor ihren Augen entschwand. Noch in derselben Nacht eilten sie nach Jerusalem zurück, um den anderen Jüngern von ihrem außergewöhnlichen Erlebnis zu berichten.

Der Emmausgang wird in verschiedener Weise nachvollzogen: einmal als geistliche Übung mit Gebet und Gesang, ein andermal als besinnlicher oder geselliger Spaziergang durch die erwachende Natur. Häufig endet der Emmausgang mit einer gemütlichen Einkehr in einer Gaststätte. Wie so oft ergänzen sich hier religiöser und weltlicher Brauch.

Den berühmtesten Osterspaziergang in der Literatur finden wir in Johann Wolfgang von Goethes „Faust, Erster Teil". Der Dichter beschreibt darin das Frühlingserwachen und das freudige österliche Treiben der Menschen, das ich Ihnen hier in Erinnerung rufen darf. Dazu empfehle ich Ihnen, das nachfolgende Gedicht laut zu lesen, vielleicht sogar mehrere Male, um die Fröhlichkeit und Aufbruchstimmung, die daraus zu uns spricht, buchstäblich zu erspüren.

Vom Eise befreit sind Strom und Bäche
Durch des Frühlings holden, belebenden Blick,
Im Tale grünet Hoffnungsglück;
Der alte Winter, in seiner Schwäche,
Zog sich in raue Berge zurück.

Von dort her sendet er, fliehend, nur
Ohnmächtige Schauer körnigen Eises
In Streifen über die grünende Flur.
Aber die Sonne duldet kein Weißes,
Überall regt sich Bildung und Streben,
Alles will sie mit Farben beleben;
Doch an Blumen fehlt's im Revier,
Sie nimmt geputzte Menschen dafür.
Kehre dich um, von diesen Höhen
Nach der Stadt zurückzusehen!
Aus dem hohlen finstern Tor
Dringt ein buntes Gewimmel hervor.
Jeder sonnt sich heute so gern.
Sie feiern die Auferstehung des Herrn,
Denn sie sind selber auferstanden:
Aus niedriger Häuser dumpfen Gemächern,
Aus dem Druck von Giebeln und Dächern,
Aus der Straßen quetschender Enge,

Aus der Kirchen ehrwürdiger Nacht
Sind sie alle ans Licht gebracht.

Sieh nur, sieh! wie behend sich die Menge
Durch die Gärten und Felder zerschlägt,
Wie der Fluss in Breit und Länge
So manchen lustigen Nachen bewegt,
Und, bis zum Sinken überladen,
Entfernt sich dieser letzte Kahn.
Selbst von des Berges fernen Pfaden
Blinken uns farbige Kleider an.
Ich höre schon des Dorfs Getümmel,
Hier ist des Volkes wahrer Himmel,
Zufrieden jauchzet groß und klein:
Hier bin ich Mensch, hier darf ich's sein!

Lassen wir uns von der Begeisterung in diesen Zeilen anstecken. „Begeisterung ist Doping für Geist und Hirn", schreibt der Neurobiologe und Hirnforscher Gerald Hüther: „Sie ist der wichtigste Treibstoff für die Entwicklung des Gehirns." Hüther weist auf die seelischen Gefahren für Menschen hin, die zu keinen tiefen Erlebnissen mehr fähig sind; der Mensch ist gefangen in seiner Routine und funktioniert. Doch der Preis ist hoch: „Wir haben zwar unser Leben optimal in den Griff bekommen; unsere kindliche Begeisterungsfähigkeit mit seinen ganzen Reizen für unseren Geist haben wir aber bis zur Leblosigkeit abgewürgt."

Wann haben Sie sich zum letzten Mal dem Frühling hingegeben, einen ausgiebigen Spaziergang unternommen und die Natur auf sich wirken lassen? Der Ostermontag bietet einen guten Anlass dazu. Raffen Sie sich auf, wo immer auch Emmaus für Sie liegen mag. Leib und Seele werden es Ihnen danken. Lassen Sie sich Zeit und Sie werden staunen, was es alles zu entdecken gibt. Selbstverständlich können Sie sich auch einer der zahlreichen Gruppen anschließen, die am Ostermontag in den verschiedenen Pfarrgemeinden unterwegs sind. Der Emmaus-Brauch ist in den zurückliegenden Jahren vielerorts neu belebt worden und erfreut sich zunehmender Beliebtheit. Ich bin sicher, man wird Sie herzlich aufnehmen.

Himmel, Flur und fröhliche Väter

40 Tage nach Ostern feiert die Kirche das Fest „Christi Himmelfahrt"; dieser kirchliche Festtag wurde in den 1930er-Jahren zum gesetzlichen Feiertag erklärt. Den Männern ist er mittlerweile als „Vatertag" geläufiger; an diesem Festtag unternehmen sie ihre feucht-fröhlichen Ausflüge. Dennoch verdanken wir diesen Feiertag unserer christlichen Kultur: „Christi Himmelfahrt" ist nämlich eines der ältesten christlichen Feste; seine Anfänge reichen bis ins 4. Jahrhundert zurück.

Nachdem das Fest immer 40 Tage nach dem Ostersonntag gefeiert wird, fällt der „Himmelfahrts- oder Auffahrtstag", wie er im Volksmund heißt, stets auf einen Donnerstag. Dass die Zahl 40 in diesem Traditionszusammenhang wieder einmal voller Symbolik steckt, verwundert nicht – in der Bibel ist sie eine Zahl der Prüfung, Bewährung und der Initiation; sie markiert Zeiten des Übergangs: So erzählt uns das Alte Testament von der 40-tägigen Sintflut; ebenfalls 40 Tage währte der Aufenthalt des Mose auf dem Berg Sinai, 40 lange Jahre wanderte das Volk Israel durch die Wüste, und jeweils 40 Jahre herrschten die Könige David und Salomo.

Das Neue Testament berichtet davon, dass Maria und Josef 40 Tage nach der Geburt Christi mit ihrem Knaben in den Tempel gingen, wo er vom greisen Simeon und von der Prophetin Hanna als Erlöser erkannt wurde. Daraus leitet sich das Fest „Mariä Lichtmess" bzw. „Darstellung des Herrn" ab, das ehemals am 2. Februar, also genau 40 Tage nach der Christgeburt, das Ende der Weihnachtszeit anzeigte.

Und schließlich schildert der Evangelist Lukas in der Apostelgeschichte, dass der auferstandene Christus seinen Jüngern 40 Tage hindurch erschienen war und sie über das Reich Gottes lehrte, bevor er seine Auferstehung mit der „Himmelfahrt" vollendete.

Diese „Himmelfahrt" ist nach theologischem Verständnis selbstverständlich nicht wörtlich zu nehmen. Lukas spricht in Bildern, wie man sie damals von vielen „Himmelsreisen" mythischer antiker Helden und aus der alttestamentlichen Erzählung von der Himmelfahrt des Elia (2 Kön 2,1–18) kannte. Damit war gewiss nicht gemeint, dass Jesus in den blauen Himmel auffuhr und über den Wolken thronte. Nein, er war wieder in die Sphäre Gottes zurückgekehrt und Gott gleichgeworden, nachdem er sich vorher durch die Geburt ins Diesseits des Menschseins begeben hatte. Es geht also vielmehr um eine Wandlung im Sinne einer spirituellen Entwicklung. Eine solche geistige Erhöhung und Reise ins Transzendente steht allen Menschen offen – bei „guter Führung", und nicht nur nach christlichem Glauben.

Die Künstler ließen sich von solchen differenzierten theologischen Überlegungen jedoch weniger beeindrucken, sie gingen pragmatischer ans Werk und setzten die Mysterien in einfache, ausdrucksstarke, aber kunstvolle Bildbotschaften um. Nicht nur der bedeutendste niederländische Maler des Barock, Rembrandt Harmenszoon van Rijn (1606–1669), kurz Rembrandt genannt, stellte in seinem Werk „Die Himmelfahrt Christi" (1636) einen von Engeln auf einer Wolke getragenen, in den Himmel entschwebenden Jesus dar. Dieses Motiv findet sich auf Bildern, Wand- oder Deckengemälden hundertfach variiert in Kirchen und Klöstern.

Es überrascht folglich nicht, dass die „Himmelfahrt" in der liturgienahen Brauchausübung ebenso konkret verstanden und für das gläubige Volk anschaulich umgesetzt wurde. Vielerorts und weit über die restriktive Aufklärungsepoche hinaus hatte man deshalb in den Kirchen Christusfiguren zur Decke oder ins Gewölbe hinaufgezogen. Sobald das Bildnis den staunenden Blicken der Gläubigen entschwunden war, „regnete" es mancherorts Blumen oder Rosenblätter herab, die als Feuerzungen des Heiligen Geistes bereits auf das bevorstehende Pfingstfest verweisen sollten. Angesichts der Nüchternheit, die unsere Zeit kennzeichnet, greift heute mancher Geistliche zur sichtbaren Vermittlung der Heilsgeschichte erneut zu solchen barocken Praktiken – zum Erstaunen der Kinder und zur sichtbaren Freude der Erwachsenen.

Kirchliche Hochfeste und Festzeiten bereichern im Allgemeinen auch das kulinarische Angebot – Volkskundler sprechen in diesem Zusammenhang von „brauchgebundenen Speisen". Uns allen sind die Weihnachtsgans und -plätzchen, Faschingskrapfen, das fastenzeitliche Fischessen, die Ostereier und viele andere Besonderheiten vertraut. Und so war es an Christi Himmelfahrt lange Zeit Brauch, Geflügel zu essen – Gänse, Hühner und besonders Tauben. Ärmere Leute behalfen sich mit sogenannten „Brotvögeln" und „falschen Tauben": Das eine waren vogelartig geformte „Gebildbrote", das andere mit Fleisch gefüllte Semmeln. Mit dem quasi „fliegenden Fleisch" wurde der Himmelfahrt über die Liturgie hinaus auch am häuslichen Esstisch gedacht. Derart konkrete Verknüpfungen von Exegese (Auslegung der Hl. Schrift) und weltlichem Brauch, wie sie oft vorkommen, mögen heutzutage als naiv kritisiert werden; aber was bedeuten solche Wertungen schon? In der Regel greifen sie zu kurz, zumal man sich ja bei anderen Gelegenheiten ganz selbstverständlich an Geburtstags- und Hochzeitstorten, am süffigen Starkbier während der Fastenzeit, an der Kirchweihgans oder am Christstollen erfreut. Viele Feste und Bräuche sind traditionsgemäß mit besonderen Gaumenfreuden verbunden. Warum also sollte man Festtage und ihre Traditionen nicht mit allen Sinnen genießen und beides auf diese Weise wieder mehr ins Leben rücken?

Freilich bringt das Eine ohne das Andere keinen wirklichen Gewinn an Lebensfreude. Sich ausschließlich vollzustopfen, ohne die geistigen Bezugspunkte zu suchen und sich auf die überlieferten Gepflogenheiten einzulassen, ist widersinnig. So kann z. B. auch das Argument der „Brauchtumspflege" als Vorwand für einen ungezügelten Alkoholkonsum am „Vatertag" nur als absurd bezeichnet werden.

Dessen ungeachtet gründen die profanen Vatertagsausflüge sehr wohl auf einem weltlichen wie religiösen Brauch: auf den seit dem Mittelalter üblichen „Flurumgängen", die um „Christi Himmelfahrt" und in den Tagen zuvor vereinzelt noch heute auf dem Land unternommen werden. Ursprünglich handelte es sich dabei um jährliche, rituelle Flurgrenzbegehungen. Grundeigentümer bekundeten damit öffentlich ihren rechtmäßigen Besitzanspruch. Solche Begehungen wurden von der Kirche zu feierlichen Flurprozessionen bzw. Bittgängen für das Gedeihen der Felder umgeformt. Ein weiteres Vorbild ist aus der Bibel zu beziehen, gleichsam in der Nachahmung der „Apostelprozession", als die elf Jünger nach Galiläa hinausgingen, wo sie von Jesus ihren Missionsauftrag erhielten (Mt 28,16–20). Allerdings rückte die Aufklärung des 18. Jahrhunderts im Bestreben, allzu volkstümliche Glaubensauslegung, Missbrauch und Aberglauben zu beseitigen, vor allem den religiösen Volksbräuchen zu Leibe, sodass die oft mehr fröhlichen als frommen „Flurumgänge" beinahe nur mehr in weltlicher Form überdauerten. Als sogenannte „Herrenpartien" oder „Schinkentouren" kamen sie im 19. Jahrhundert in Berlin in Mode; diese ausschließlich den Männern vorbehaltenen, organisierten Ausflüge mündeten später als Pendant zum 1914 offiziell in den USA eingeführten Muttertag in den „Vatertag". Doch während der von der Amerikanerin Anna Marie Javis begründete Tag zu Ehren der Mutter hierzulande seit den

1920er-Jahren von den Kindern gestaltet und gemeinsam in der Familie gefeiert wird, spielt sich der Vatertag, insbesondere wenn er zur Bestätigung eines überkommenen Rollenverständnisses dient, als reine Herrenveranstaltung ab. Demzufolge können viele Kinder ihren Vätern also gar nicht nahe sein und den Tag gemeinsam mit ihnen verbringen. Solchermaßen beanspruchte Exklusivität gilt es nur um des alten Herkommens willen nicht als unwandelbar zu reklamieren, sobald sich zeitgemäßere, familienfreundlichere Gestaltungsmöglichkeiten als bessere Alternative aufdrängen. Diese können ebenso fröhlich, aber weniger „feucht" sein.

Wir brauchen beides: Pfingsten und den Heiligen Geist

2005 waren innerhalb deutscher Wirtschaftsverbände Bestrebungen im Gang, den Pfingstmontag als gesetzlichen Feiertag abzuschaffen. Das Ansinnen scheiterte, weil sich neben den Kirchen und kirchlichen Verbänden nicht zuletzt Gewerkschaften und sämtliche im Bundestag vertretene Parteien, die FDP ausgenommen, mit Erfolg für den Erhalt dieses „doppelten Feiertags" stark machten. In einigen anderen europäischen Ländern wurde die Abschaffung ebenso angestrebt. Diese ökonomieorientierte Haltung konnte sich z. B. in Frankreich zwar zunächst durchsetzen, doch wurde dort der Pfingstmontag nach dem Widerstand der Bevölkerung 2008 wieder zum Feiertag erklärt; und dem italienischen Parlament liegt längst wieder ein Gesetzesentwurf vor, den christlichen Feiertag erneut einzuführen.

Aus rein unternehmerischer Sicht mögen „doppelte Feiertage" wie Ostern oder Pfingsten mit den arbeitsfreien Montagen als unrentabel und nutzlos gelten. Aber wer wollte behaupten, dass „feiertagsreiche" Länder wie Deutschland oder „traditionsliebende" Bundesländer wie Bayern unproduktiv oder gar wirtschaftlich erfolglos wären? Vielmehr ist doch in beiden Fällen das Gegenteil zu beobachten, und vielleicht tragen gerade jene kleinen Zäsuren, die man sich hierzulande traditionsgemäß gönnt, gleichfalls zum ökonomischen Erfolg bei. Ruhephasen dienen der körperlichen wie geistigen Erholung; sie sind der Gesundheit und folglich genauso dem Arbeitseinsatz und der Arbeitsfreude zuträglich. Seien wir also froh um jene Feiertage, die uns das Kirchenjahr zusätzlich beschert. Solchen „geschenkten Tagen" in unserer weitgehend säkularisierten Zeit wieder mehr Aufmerksamkeit zu widmen, bringt sehr wohl einen Gewinn: die Erkenntnis, dass es sich dabei nicht um banale Urlaubstage handelt, die der Arbeitgeber von sich aus gewähren würde, sondern um Traditionen, die unser christlich-abendländischer Kult vorgibt. Ihre Pflege geschieht aus gutem Grund. Nur dann erfahren derartige Feiertage ihren tieferen Sinn und man wird sie zum Wohl der Menschen auch in Zukunft erhalten. Lassen Sie es mich in Abwandlung einer bekannten Redewendung so formulieren: Stellen Sie sich vor, es ist Pfingsten und keiner geht hin!? – Dann kann man solche Festtage genauso gut aus dem Kalender streichen.

Mir ist bewusst, dass viele Menschen trotz ihrer Sehnsucht nach seelischer Geborgenheit und einer geistigen Heimat Zugangsschwierigkeiten zu Religion, Glaube und Brauch haben – nicht allein, weil man verstaubte Konventionen unterstellt; man hegt auch Zweifel an den Vermittlungsinstanzen.

Manche Ersatzbefriedigung, die stattdessen gesucht und zur beflügelnden „Ersatzreligion" erhoben wird, mag harmlos oder trivial sein. Hinter gewissen Angeboten hingegen, welche nach außen hin die Lösung aller Probleme, Erfolg, Aufstieg und Heil durch exklusive Gruppenzugehörigkeit verheißen, stehen oftmals verfassungsfeindliche, extremistische Organisationen. Deren machthungrige Führer und subalterne Vollzugsgehilfen legen ihre menschenfreundliche Maske ab, sobald sie ihre eigentliche Ideologie zu predigen beginnen. Statt Selbstfindung und Freiheit herrschen dann Zwang und Gruppendrill. Zur Durchsetzung seiner Ziele schreckt man nicht einmal vor Unterdrückung und „Gehirnwäsche" zurück. Ein Ausstieg wird abtrünnigen Mitgliedern meistens erschwert; in der Regel ist er mit Repressalien verbunden, nicht selten sogar gefährlich. Mit perfiden Methoden machen „Rattenfänger" leichte und schnelle Beute besonders bei labilen, desorientierten Menschen. Wer hingegen in seinen religiösen wie kulturellen Traditionen einigermaßen beheimatet ist, erweist sich meistens als gefestigte, kritische Persönlichkeit, die dubioser Ersatzangebote nicht bedarf. Die ausgekochten Rekrutierungsstrategien selbsternannter Wegbereiter schlagen dann in der Regel fehl. Schon deshalb ist jedem Menschen wenigstens ein Mindestmaß an kultureller Identität und religiöser Orientierung tunlichst zu wünschen.

Unsere christlich-abendländische Kultur mit ihren Wertvorstellungen bietet solche Orientierung; sie verleiht uns Identität. Hier finden wir eine wunderbare geistige Heimat vor, aus der viele von uns Kraft schöpfen, Lebenssinn und Lebensmut beziehen. Daran hat die Kirche unbestreitbar großen Anteil.

Trotzdem will ich hier nichts beschönigen. Ich bin mir darüber im Klaren, dass sich „Mutter Kirche" in der Vergangenheit bisweilen schwere Verfehlungen leistete. Und auch in jüngster Zeit macht sie durch Fehlverhalten ihres Personals von sich reden, sodass selbst die Solidarität treuer Gläubiger und toleranter Bürgerinnen und Bürger auf die Probe gestellt wird. Damit meine ich übrigens nicht jene gesättigten „Wutbürger", die im Angesicht von hochgekochten Skandalen oder aber unbequemen politischen Entscheidungen vollkommen aus der Fassung geraten, drakonische Strafen fordern oder anonyme Drohungen in die Welt setzen. Nein, ich denke dabei an jene engagierten und zugleich enttäuschten Christen, für die der häufig praktizierte Kirchenaustritt keine Option darstellt, weil sie durch einen solchen Schritt ihren spirituellen Horizont verlören. Sie leiden aber durch unselige Vorfälle in dieser, *ihrer* Kirche. Zu *ihr* zu stehen und nicht zu resignieren, bedarf heutzutage im Hinblick auf manchen begründeten Vorwurf schon einer gewissen Standhaftigkeit. Eine Institution, die so hohe moralische Normen anlegt, muss sich nun einmal konsequenterweise auch selbst daran messen lassen. Die Zeiten absolutistisch herrschender Kirchenfürsten auf der einen Seite und unmündiger Bürger auf der anderen sind vorbei. Die Menschen sind zunehmend selbstbestimmt und kritischer geworden. Sie lassen sich weder mit der Androhung von Höllenqualen beeindrucken noch mit frommen Reden abspeisen. Sie brauchen keinen unnahbaren, gebieterischen und weltfremden Klerikalismus mehr, sondern vorbildliche, verlässliche Seelsorger und Ansprechpartner, die sich der Lebenswirklichkeit ihres Kirchenvolkes stellen. Die Gläubigen wünschen sich von *ihrer* Kirche mehr Transparenz, innerhalb *ihrer* Kirche erwarten sie ein gewisses Maß an Mitsprache und Beteiligung. Dies sollte möglich sein, selbst wenn eine jahrhundertealte Institution des Glaubens nicht mit einer modernen demokratischen Einrichtung verwechselt werden darf. Große Hoffnungen ruhen auf Papst Franziskus, der in seinem ersten Apostolischen Schreiben *Evangelii gaudium* („Freude des Evangeliums") einen beinahe radikalen Umbau seiner Kirche fordert. Dieser ist überfällig, denn es scheint, der Kirche verbleiben nur zwei Möglichkeiten: Entweder sie öffnet sich oder sie sieht verhärmt und verharrend zu, wie sich noch mehr Menschen von ihr verabschieden. Es bleibt also abzuwarten, wie die Bischöfe die Botschaft dieses Papstes umsetzen werden.

Die römisch-katholische Kirche hat die Zeichen der Zeit lange nicht erkannt und befindet sich in ihrer größten Krise. In dieser gegenwärtig schwierigen Situation bemühe ich mich trotzdem, stets das große Ganze *meiner* Kirche zu sehen. Dazu gehört auch das Positive, das Tag für Tag von Geistlichen, Ordensleuten, Kirchenorganisationen, -angestellten und -mitgliedern in vielen Bereichen unseres Lebens, in seelsorgerischer, karitativer, sozialer, erzieherischer, lehrender, medizinischer oder kultureller Hinsicht geleistet, aber im Ärger gern übersehen wird. Wie wäre es ohne diese Leistungen um unsere Welt bestellt? Aus meinen guten Erfahrungen heraus kann ich dieser Kirche immer wieder einräumen, besser zu sein als der Ruf ihrer wenigen „schwarzen Schafe". Sie verkündet nicht nur Gottes Wort, viele Gottesdiener halten sich auch daran und leben es in ihrem Dienst am Nächsten beispielhaft vor.

Die Gebote Gottes bewahren uns davor, uns selbst zum Maßstab zu erheben und ausschließlich unsere Egoismen zu pflegen. Sie sind auch in einer modernen Gesellschaft nicht überholt und bedürfen weiterhin der Vermittlung. Wer, wenn nicht die christlichen Kirchen sollte sich dieser Aufgabe stellen, und wer sonst wäre dieser Herausforderung überhaupt gewachsen? Wie gestand doch selbst der Altkommunist und bekennende Atheist Gregor Gysi ein? Er habe Sorge vor einer gottlosen Gesellschaft. Er befürchte nämlich, einer solchen Gesellschaft werde die Solidarität abhandenkommen.

Was hat all das nun mit dem Pfingstfest zu tun? Einfach gesagt, Pfingsten gilt als Gründungstag der Kirche. Deshalb heißt es im Volksmund: An Pfingsten feiert die Kirche Geburtstag. Die Geschichte dahinter ist freilich etwas komplexer.

Auf den guten Willen kommt es an

Pfingsten geht auf das jüdische Erntefest *Schawuot* zurück, das 50 Tage nach *Pessach* begangen wurde. Daher feiern auch die Christen das Pfingstfest 50 Tage nach Ostern. Das Wort „Pfingsten" leitet sich vom griechischen *Pentecoste* ab, das den „fünfzigsten Tag" bezeichnet.

An diesem Tag versammelten sich die Jünger Jesu in Jerusalem. Dort erlebten sie die Niederkunft des Heiligen Geistes, die ihnen Jesus angekündigt hatte (Apg 1,7). Dieses Ereignis veränderte sie von Grund auf: Aus den verstörten Gefährten eines scheinbar gescheiterten Propheten wurden unverzagte, mutige Verkünder seiner Botschaft. In der Apostelgeschichte findet sich dieses „Pfingstwunder" ausführlich beschrieben:

„Am jüdischen Pfingsttag waren alle, die zu Jesus hielten, versammelt. Plötzlich hörte man ein mächtiges Rauschen, wie wenn ein Sturm vom Himmel herabweht. Das Rauschen erfüllte das ganze Haus, in dem sie waren. Dann sah man etwas wie Feuer, das sich zerteilte, und auf jedem von ihnen ließ sich eine Flammenzunge nieder. Alle wurden vom Geist Gottes erfüllt und begannen in verschiedenen Sprachen zu reden, jeder wie es ihm der Geist Gottes eingab.

Nun lebten in Jerusalem fromme Juden aus aller Welt. Als sie das mächtige Rauschen hörten, strömten sie alle zusammen. Sie waren bestürzt, denn jeder hörte die versammelten Jünger in seiner eigenen Sprache reden. Außer sich vor Staunen riefen sie: ,Die Leute, die da reden, sind doch alle aus Galiläa! Wie kommt es, dass wir sie in unserer Muttersprache reden hören? Unter uns sind Parther, Meder und Elamiter, Leute aus Mesopotamien und Kappadozien, aus Pontus und aus der Provinz Asien, aus Phrygien und Pamphylien, aus Ägypten, dem libyschen Zyrene und aus Rom, aus Kreta und Arabien, Menschen jüdischer Herkunft und solche, die sich der jüdischen Gemeinde angeschlossen haben. Und trotzdem hört jeder sie in seiner eigenen Sprache die großen Taten Gottes verkünden.' Erstaunt und verwirrt fragten sie einander, was das bedeute." (Apg 2,1–12)

Aus den Jüngern hatte der Geist Gottes, der Heilige Geist, gesprochen.

Dieses „Pfingstwunder" bildet gewissermaßen das Gegenstück zu einer der bekanntesten biblischen Erzählungen, zum „Turmbau zu Babel" im Alten Testament (Gen 11,1–9). Auf die Selbstüberschätzung und Überheblichkeit der Menschen, einen Turm bis in den Himmel zu bauen, um Gott gleichzukommen, folgt die „babylonische Sprachverwirrung" – niemand mehr konnte den anderen verstehen. Das Pfingstwunder löst diese Verwirrung wieder auf, plötzlich verstanden sich die Menschen über alle Sprachgrenzen hinweg. Petrus, auf den Christus symbolisch seine Kirche baute, hielt an diesem besagten Pfingsttag seine erste Predigt, und die Bedeutung seiner Worte erfassten nicht ausschließlich nur die Juden, sondern auch die versammelten Ägypter, Römer, Kreter und Araber. Dieses Phänomen bezeichnet man deshalb als den „Gründungstag der Kirche", die darauf ihren globalen Verkündigungsauftrag bezieht. Die Botschaft Jesu, die es seither zu übermitteln gibt, lautet in einem Satz zusammengefasst: „Gott ist die Liebe." (1 Joh 4,8) Wer dies auch nur einigermaßen verinnerlicht, wird sich bemühen, seinen Nächsten, sei es in der Familie, am Arbeitsplatz oder in der Gesellschaft, stets mit Respekt und Anstand, vielleicht sogar mit fröhlichem Herzen und angemessener Zuneigung zu begegnen.

Das Pfingstwunder konnten viele der damaligen Zeitgenossen nicht fassen; sie unterstellten den Jüngern Trunkenheit. Erst recht herrscht bei vielen Menschen heute darüber Ratlosigkeit, denn selbstverständlich war der „Heilige Geist" weder ein Motivationstrainer noch ein Simultandolmetscher. Einer im Wortsinn spirituellen Geschichte wie dieser ist mit einer rationalen, materialistischen Weltsicht wohl kaum beizukommen. Aber Christen in aller Welt feiern Pfingsten und glauben an den dreieinigen Gott, den Vater, Sohn und den Heiligen Geist. Dieser Geist Gottes weht, wo er will – selbst bei Menschen, die jedwede Existenz Gottes bezweifeln oder nie etwas davon gehört haben. Dies hat Papst Johannes XXIII. in seiner umfassenden Botschaft über den Frieden in der Welt 1963 in beeindruckender Weise auf den Punkt gebracht. Er richtete sie an „alle Menschen guten Willens". Meines Erachtens leistete er damit eine zeitgemäße und hilfreiche Übersetzung für die übersinnliche Bezeichnung „Heiliger Geist": Er ist der „gute Geist" im Menschen, der gute Wille und das couragierte Bemühen um Segenbringendes. Das sollen, ja das müssen die christlichen Kirchen unserer Gesellschaft stets vor Augen führen, denn Politik und Wirtschaft fühlen sich dafür nicht zuständig.

Für Werte zu stehen, die wirtschaftlich nicht kalkulierbar und auf keiner politischen Agenda zu finden sind, dazu gehören Überzeugung, Idealismus, Engagement und Mut – respektable Eigenschaften, die leider allzu oft als unrentabel gelten und belächelt werden.

Vor kurzem entdeckte ich die lesenswerten Gebetsgedanken eines unbekannten Verfassers. Sie haben mich berührt, sodass ich sie hier wiedergeben will. Vielleicht ergeht es Ihnen ja ebenso wie mir; jedenfalls wünsche ich Ihnen viele „geistreiche" Momente und Begegnungen. Seien Sie offen und zuversichtlich, denn das Leben steckt voller Überraschungen.

Lass Dich spüren
Geist Gottes,
manchmal spüre ich dich
in den Menschen, die mir begegnen –
manchmal spüre ich dich nicht.
Geist Gottes,
manchmal spüre ich dich

in der Arbeit, die ich verrichte –
manchmal spüre ich dich nicht.
Geist Gottes,
manchmal spüre ich dich
an Plätzen und Häusern, die ich besuche –
manchmal spüre ich dich nicht.
Geist Gottes,
manchmal spüre ich dich
in meinem Herzen, tief drin in mir –
manchmal spüre ich dich nicht.
Geist Gottes,
lass dich spüren.
Amen.

Die Taube: ein Symbol in der Kunst und im volksfrommen Brauch

In der christlichen Kunst sowie im volksfrommen Brauch tritt die Taube als Symbol des Heiligen Geistes deutlich hervor. Das hat seine Gründe: Die Taube galt schon in der vorchristlichen Antike als bedeutendes Symboltier, z. B. für Eigenschaften wie für Demut, Reinheit und Liebe. Im israelitischen Kult diente sie neben Stier, Ziegenbock und Schaf als Opfertier; sie wurde zur Sühne von Sündenschuld insbesondere von der armen Bevölkerungsschicht dargebracht. In der Bibel lässt Noah nach der Sintflut drei Tauben ausfliegen, von denen eine zum Zeichen der Versöhnung mit Gott mit einem Ölzweig im Schnabel zurückkehrt. Damit wird die Taube zum Friedenssymbol. Im Neuen Testament berichten die Evangelisten übereinstimmend von der Taufe Jesu im Jordan, bei der sich der Himmel öffnete und Gott den Heiligen Geist in Gestalt einer Taube sandte, die Jesus als den Messias bezeugte.

Dieses Ereignis beflügelte die christliche Kunst ebenso

wie der Pfingstbericht, obwohl dort von Sturm und Feuer, aber nicht von einer Taube die Rede ist. Trotzdem findet sich die Ausgießung des Heiligen Geistes vielfach auf Altartafeln, Fresken, Gemälden oder Kirchenfenstern mit dem Symboltier dargestellt. Ebenfalls veranschaulicht die Taube die Gnade außerordentlicher Inspiration, wie sie z. B. den Evangelisten oder den Kirchenvätern widerfuhr. Als Heiligenattribut schwebt sie u. a. über dem Haupt der Teresa von Avila oder des Thomas von Aquin.

Sollten Sie demnächst nach Rom reisen, dann könnten Sie dort die prachtvollen Mosaiken in der berühmten Papstbasilika Santa Maria Maggiore aus dem 5. Jahrhundert bewundern. Auf dem Triumphbogen im Hauptschiff werden Sie die Heilig-Geist-Taube im Augenblick der Verkündigung an Maria finden.

Übrigens, erst im 6. Jahrhundert wurde auf dem Konzil von Kostantinopel (536) die Taube als Symbol des Heiligen Geistes von der katholischen Kirche offiziell anerkannt.

Neben ihrer Verbreitung in der christlichen Kunst begegnet uns die Taube im liturgienahen wie volksfrommen Brauch. So kam sie zur szenischen Umsetzung und Veranschaulichung des Pfingstereignisses lange Zeit während des Pfingsthochamtes zum Einsatz. Nach der zweiten Lesung wird die bekannte Pfingstsequenz *Veni, Sancte Spiritus* („Komm, Heiliger Geist") angestimmt, mit der die Gemeinde den Heiligen Geist um seinen Beistand bittet. Währenddessen ließ man zum Erstaunen der Gläubigen eine lebendige oder hölzerne Taube aus dem sogenannten „Heilig-Geist-Loch" in der Decke herabschweben. Ihr folgten „Feuerzungen" in Form kleiner Zettel, Oblaten oder Federn.

Zu Letzteren griff der Pfarrer von St. Jodok zu Landshut beim Pfingstfest im Jahr 2013. Er ließ dafür eigens rot gefärbte Gänsedaunen besorgen, die es im passenden Moment vom Gewölbe regnete. Die Freude der jungen wie erwachsenen Gottesdienstbesucher war groß, und hinterher durften sich alle ein paar Gänsefedern mit nach Hause nehmen. Wenige Tage später begegnete mir ein Bekannter – ein Rundfunkjournalist, von dem ich schon manche kluge Sendung hören konnte. Aus den Gesprächen, die wir bisher miteinander führten, hätte ich allerdings nicht auf seine Religiosität geschlossen. Aber an diesem Tag sah ich eine „Feuerzunge", die er sich selbstbewusst ans Revers seines Sakkos geheftet hatte; sie bewog uns zu einem fröhlichen und durchaus „geistreichen" Gespräch. Ich hatte indessen die rote Feder daheim hinter das Kruzifix gesteckt. Dort befindet sie sich noch immer und erinnert uns an ein schönes Fest. Wenn ich mir dann vor Augen führe, dass um das Jahr 130 das erste christliche Pfingstfest gefeiert wurde, dann bin ich überwältigt von dieser Kontinuität und stolz darauf, in dieser großen Tradition zu stehen, die trotz aller säkularen Skepsis auch noch heute Millionen von Menschen bewegt und rund um den Globus zur selben Festzeit zusammenführt. Ist es so gesehen nicht erstaunlich und überzeugend zugleich, was dieser wenig greifbare Heilige Geist alles bewirken kann?

Seine volkstümliche Vergegenständlichung treffe ich häufiger im Bayerischen Wald an, wo ich des öfteren unterwegs bin. Wie im Oberbayerischen gibt es auch dort „Herrgottsschnitzer", die sich der Herstellung religiöser Volkskunst widmen. Die geschickten Holzbildhauer bieten Vieles an, was das Herz des interessierten, qualitätsbewussten Touristen und der traditionsverbundenen, einheimischen Bevölkerung begehrt. Seit langem haben diese Volkskünstler ihr Sortiment mit allerlei profanem Schnitzwerk erweitert, doch das Kerngeschäft entspringt der religiösen Tradition. Beliebt bei den Kunden ist vor allem das beschützende Himmelspersonal; das sind Engel, Heilige und Schutzpatrone, Madonnen und Gute Hirten in allen möglichen Varianten; ferner stehen Krippendarstellungen, Kruzifixe und komplette Kreuzigungsgruppen sowie Heilig-Geist-Bildnisse im Angebot. Ich habe mich schon einige Male mit solchen

Kunden über ihre Kaufabsichten unterhalten und dabei immer wieder eines in Erfahrung gebracht: Die Gegenstände werden genauso oft als Geschenke wie zur häuslichen Dekoration gekauft. Zu letzterem Zweck erhalten sie meist den Segen durch einen Priester, bevor sie an ihrem vorgesehenen Platz aufgestellt werden. Also beflügeln diese Holzbildwerke nach wie vor die Vorstellungskraft und Hoffnungen der Menschen, die sie entweder für sich oder ihre Lieben erwerben.

Der Heilige Geist scheint dabei etwas für besonders eingeweihte Traditionsliebhaber zu sein. Es gibt ihn als vollplastische Taube mit ausgebreiteten Flügeln, an deren Rücken ein Strahlenstern befestigt ist. So trifft man ihn in alten und neuen, stilisierten Bauernstuben über dem Tisch hängend oder in die Decke integriert im Herrgottswinkel an. Im Schnabel tragen solche Heilig-Geist-Tauben meistens einen Zettel mit dem Christusmonogramm „IHS", die lateinische Abkürzung für *Jesus Hominum Salvator*, was übersetzt „Jesus, Heiland der Menschen" heißt. Neben dieser Ausfertigung wird noch das sogenannte „Eingericht" hergestellt. Dabei handelt es sich um eine nämliche Taube, nur wird sie mit viel Geduld Stück für Stück in eine Glaskugel eingesetzt, ähnlich wie man in Norddeutschland die „Buddelschiffe" in die „Geduldsflaschen" baut. Diese Heilig-Geist-Kugeln hingen vor der Elektrifizierung der ländlichen Haushaltungen, wo sie überwiegend zum Einsatz kamen, an einer langen Schnur befestigt über der Mitte des Esstisches und damit exakt über der dampfenden Suppenschüssel, die zu den Mahlzeiten auf den Tisch kam. Schon kurz nachdem der heiße Suppendampf emporgestiegen war, bildete sich an der unteren Rundung der Kugel Kondenswasser, das dort ab- und in die Suppe zurücktropfte. Dieser Vorgang brachte dem frommen Brauchgegenstand im Volksmund die sinnfällige Bezeichnung „Suppenprunzer" ein, die bei Nichteingeweihten regelmäßig für Erheiterung sorgt.

Solchen volkstümlichen Praktiken und Interpretationen konnten spröde Aufklärer zurückliegender Jahrhunderte selbstverständlich nichts abgewinnen, weswegen viele volksfromme Bräuche samt der dafür verwendeten Gegenstände weitgehend außer Übung kamen. Zugegeben, der eine oder andere fromme Brauch mag im profanen Vollzug bisweilen so groteske Züge angenommen haben, dass er keine obrigkeitlich-geistliche Billigung erfahren konnte. Aber eine gesunde Portion Humor hat noch niemandem geschadet – auch nicht bei der Vermittlung religiöser Inhalte.

Der „Pfingstl" kommt auch ohne Show aus

Die Ausübung von Ritualen und Bräuchen kennt unterschiedliche Formen: Während z. B. ein Osterfrühstück oder festtägliches Mahl im kleinen Kreis der Familie am häuslichen Esstisch eingenommen wird, spielt sich das Aufstellen eines Maibaums, eine Fronleichnamsprozession oder ein Umzug anlässlich eines Gedenktags im öffentlichen Raum ab. Bei offenkundig gepflegten Bräuchen gesellt sich zu den Ausübenden häufig eine Schar von Zuschauern.

Im großen Stil ist dies beabsichtigt, wo touristische Interessen eine Rolle spielen oder vielleicht sogar ausschließlich das Geschehen dominieren. Entsprechende Brauchspektakel mit hübsch-hässlichen, zum Teil furchterregend inszenierten Darstellern haben aber häufig ihren ursprünglichen Zweck verloren und keinen eigentlichen Sinn mehr. Die Aufführung irgendwelcher archaischer Hirtenbräuche darf man in hochtechnisierten Kulturen wie der unseren getrost als phantasievolle Nostalgie erachten. Hochglanzprospekte in Tourismusregionen, welche die Traditionsverbundenheit der Einheimischen umso glaubwürdiger versichern wollen, können darüber nicht hinwegtäuschen. Andere beliebte Schaubräuche wiederum haben nie historische Tiefe besessen – vielen „Perchtenläufen" fehlt jegliche örtliche Tradition. Sie sind Erfindungen des späten 20. Jahrhunderts, wie eingehende kulturhistorische Untersuchungen zeigten. Aber anstelle der fehlenden archivalischen Belege versucht man häufig, die Events mit germanischer Mythologie aufzuladen. Entlarvende kulturwissenschaftliche Forschungen sind in diesen Fällen dann freilich unbeliebt, rufen sie doch bei Betroffenen die Furcht vor einem Legitimationsverlust hervor. Das forscherische Interesse hingegen gilt allein der objektiven Beschreibung und historischen Einordnung dieser farbenfrohen Spektakel. Niemals ist deren Abschaffung beabsichtigt. Den lässlichen „Etikettenschwindel" bezeichnet man im Fachjargon als „Folklorismus" – ein Begriff, der solchermaßen vorgegaukelte Echtheit wohlwollend auflöst und qualifiziert. Wie einfach wäre es daher, würden Initiatoren und Ausübende die mitunter krampfhaften Historisierungsversuche ihrer „Brauchtumsshows" unterlassen. Das Publikum findet auch ohne „Altertumsgarantie" seine helle Freude an den Darbietungen. Dies gilt übrigens auch für sämtliche Trachten, in die unsere Gesellschaft schlüpft. Die Kleidung, die man einer anderen Epoche nachempfindet, ist erstens nicht dieselbe wie ehedem; zweitens steht sie heutzutage in anderem Funktionszusammenhang: Eine bäuerliche Tracht macht aus einem Industriefacharbeiter keinen Bauern, selbst wenn er sich darin noch so gut gefällt. Aber sein Wunsch nach einer folkloristischen Gegenwelt zur bestehenden technisierten Zivilisation, die uns den Zauber des Ursprünglichen kaum mehr bieten kann, ist nachvollziehbar; warum sollte er also nicht erfüllt werden dürfen? Neu erfundene Vergangenheiten, Historienspiele und Folkloredarbietungen zählen zu den gängigen Kulturpraktiken der Moderne.

Dennoch gibt es nach wie vor Bräuche, die weder einer mythologischen Überhöhung noch einer eindrucksvoll arrangierten Show bedürfen; sie funktionieren innerhalb dörflicher Gemeinschaften und beziehen ihren Sinn aus der christlichen Überlieferung. Dazu gehören auch die pfingstlichen Brauchgestalten, die man von Region zu Region unterschiedlich „Pfingstl", „Wasservogel" oder „Latzmann" nennt. Ich greife hier exemplarisch den „Pfingstl" bzw. „Wasservogel" aus dem Bayerischen Wald heraus, der mir am besten vertraut ist. Diese Brauchfigur lebt alljährlich in der Abenddämmerung des Pfingstsonntags im sogenannten „Wasservogel- oder Pfingstsingen" auf. Den „Pfingstl" stellte früher ein älterer Bub dar, heute ist es in der Regel ein junger Mann; noch vor wenigen Jahrzehnten verbarg sich der Darsteller ausnahmslos unter einer Verkleidung aus Stroh oder Tannengrün und Birkenlaub. Auf dieses „Naturkleid" verzichtet die Hauptfigur heute weitgehend und bevorzugt stattdessen wasserfeste Kleidung. Begleitet wird der „Pfingstl" von einer Gruppe, die sich meist ebenfalls aus jüngeren Burschen zusammensetzt. Die Gruppe von sechs bis acht Personen zieht manchmal bis spät am Abend von Haus zu Haus, trägt dort singend bis leiernd fröhliche Spottverse, aber auch gute Wünsche vor und „erheischt", d. h. erhält, dafür Gaben in Form von Geld oder Eiern. Während des Heischebrauchs ist harmloser Scherz erlaubt: Über eine ausgehängte Gartentür oder versteckte Blumentöpfe regt sich dabei niemand auf. Fester Bestandteil des Brauchs ist ein Eimer mit Wasser, das einer der Hausbewohner vom Balkon aus oder von einem Fenster im Obergeschoss möglichst dann auf die nächtlichen Besucher ergießt, sobald der Einsammler, der sogenannte „Eierkater", zum Empfang der Gaben an die geeignete Ausgabestelle gelockt wurde. Darauf sind die Wasservogelsänger natürlich vorbereitet – sie tragen deshalb möglichst wasserdichte Regenkleidung oder komplette Löschanzüge, wie sie die Feuerwehr gebraucht. Ausgeübt wird der Brauch gleichzeitig von mehreren freien Gruppen und Mitgliedern örtlicher Vereine, die sich spontan oder ohne lange Vorplanung zusammenfinden. Es kommt weder auf die Qualität des Gesangsvortrags noch auf schöne Kostüme an; beides ist ausschließlich zweckdienlich. Das gesammelte Geld fließt in die Gemeinschafts- oder Vereinskasse, die gesammelten Eier werden im Gasthaus gemeinsam verzehrt. Beim Wasservogelsingen treten lediglich die Brauchbeteiligten in Erscheinung, also die Wasservogelsänger einerseits und die besuchten Hausbewohner andererseits; eine Show für zuschauendes oder am Ende gar zahlendes Publikum findet nicht statt. Offensichtlich handelt es sich bei diesem Pfingstsingen um einen Brauch, der sich aufgrund seines Ablaufs und seiner touristisch eher unattraktiven Brauchelemente einer Vermarktung gänzlich entzieht. Auf diese Weise kann er weiterhin ohne künstliche, werbewirksame Eingriffe innerhalb der Dorfgemeinschaften intakt bleiben.

Ohne spektakuläre Deutungen ist aber zumindest die „Brauchtumsliteratur" älteren Datums nicht ausgekommen. Sie legt die Pfingst- oder Wasservogelumzüge als Fruchtbarkeitsriten aus; die Stroh- oder Laubgestalt, so heißt es, verkörpere das Wachstum der erwachten Natur, der Wasserguss wird als Regenzauber interpretiert, und der Brauch selbst stünde in keinerlei Beziehung zum christlichen Pfingstfest.

Derartige mythologische Interpretationen der alten NS-Volkskunde halten sich hartnäckig, ja sie werden sogar selbst von kritischen, modernen Medien unreflektiert übernommen und gebetsmühlenartig wiederholt, was sie nicht glaubwürdiger macht.

Vielleicht nützt es an dieser Stelle, noch einmal ganz allgemein auf ein gängiges Interpretationsklischee und seinen ideologischen Hintergrund hinzuweisen: Insbesondere während der Zeit des Nationalsozialismus feierte alles „bodenständige Volkstum" als mystisches Erbe aus germanischer Vorzeit fröhliche Urständ. Christliche Traditionen wurden negiert. Vielfach waren sie ja jüdischen Ursprungs und konnten daher gar keinen Platz innerhalb der faschistischen Weltanschauung finden. Es ist also stets Vorsicht geboten bei Brauchdeutungen, wo beispielsweise germanische Gottheiten und Schimmelreiter die „Patenschaft" übernehmen mussten oder irgendwelche archaischen Riten und Zaubereien aus Urzeiten hineingeheimnisst wurden. Sie sind zumeist das Ergebnis blühender Phantasie ohne jedwede belastbare Belege. Eine vielbeschworene mündliche Überlieferung funktioniert nämlich nicht über Jahrhunderte hinweg, geschweige denn über Jahrtausende, und Archivalien sprechen frühestens seit dem Mittelalter zu uns. Was dort nicht als Information auftaucht, sondern vielleicht erst wesentlich später, z. B. im 17. oder 18. Jahrhundert, kann nicht in die Vor- und Frühgeschichte oder Antike zurückreichen. Bei genauer Betrachtung, hier im Besonderen bei den Liedtexten der Wasservogelsänger im ostbayerischen Raum, erschließt sich häufig sowieso eine logische Erklärung. Die pfingstlichen Brauchträger beginnen ihren Gesang mit folgenden Versen:

Heut is de heilige Pfingstnacht,
der Heilige Geist hat's aufbracht
Mir geh man über d'greane (grüne) Au,
begegnet uns unser' liabe (liebe) Frau.
Mir geh man über d'greane (grüne) Wies,
begegnet uns Herr Jesus Christ.

Sie besingen also eindeutig die Pfingstnacht, den Heiligen Geist, die Gottesmutter Maria und Jesus Christus. Insofern bezieht sich der Wasserguss, der an anderer Stelle vorkommt und eine wesentliche Brauchhandlung darstellt, auf das „Ausgießen" des Heiligen Geistes. Der Volkskundler Walter Hartinger weist in diesem Zusammenhang darauf hin, dass Pfingsten lange Zeit einer der großen Tauftermine war. Bis weit in die Aufklärungszeit hinein wurde mancherorts der kirchlichen Lehre in barocker Art Ausdruck verliehen, indem man vom Schalldeckel herab Wasser auf die Kinder und Erwachsenen ausgoss. Hier seien die Parallelen zum Wasserguss beim pfingstlichen Brauchumzug zu finden, nicht in einem exotischen Regenritual, das in einer niederschlagsreichen mitteleuropäischen Region keinen Sinn haben kann.

Ferner ahmen diese pfingstlichen Heischebräuche eine Handlung nach, die der Evangelist Lukas vorzeichnet: „Bittet, und ihr werdet bekommen! Sucht, und ihr werdet finden! Klopft an, und man wird euch öffnen!" (Lk 11,9) Die Verkleidung der „Pfingstl"-Gestalt besitzt eine manchen Fastnachtsmasken ähnliche Funktion: Das Stroh- oder Laubgewand symbolisiert den Ungläubigen, Heiden oder Sünder. Erst nachdem dieser sich seiner Kleidung entledigt und in seiner „wahren", nicht entstellten Gestalt in die Dorfgemeinschaft, d. h. quasi christliche Gemeinschaft, zurückkehrt, ist er sinnbildlich frei von Sünde.

Worauf ich in diesem Kapitel und mit dem Beispiel des „Pfingstl" zusätzlich hinweisen will, ist folgendes: Bräuche sind nicht Exklusivveranstaltungen von eigens organisierten „Brauchtums- oder Traditionsvereinen", deren eingetragene, aktive Mitglieder sich speziell zu diesem einen Zweck der „Brauchtumspflege" zusammenfinden. Das ist ehrenwert, doch Traditionen können von jeder Gemeinschaft und Person ausgeübt werden. Dazu trifft man sich zu einem bestimmten Anlass und geht danach wieder auseinander. Entscheidend für die „Brauchbarkeit" von Traditionen ist auch nicht eine aufsehenerregende, publikumswirksame Gestaltung oder ihre Geschichtlichkeit, sondern der Sinn, der dem Anlass zugrunde liegt oder den die Gemeinschaft damit verbindet und für sich daraus bezieht.

Spirituell unterwegs sein oder:
„Nicht nur Hape ist mal weg"

Er hatte einen Hörsturz erlitten, musste sich außerdem einer Operation unterziehen und steckte in einer Lebenskrise. Das bewog den populären deutschen Entertainer Hape Kerkeling, sich auf eine Pilgerreise zu begeben und den berühmten „Jakobsweg" nach Santiago de Compostela zu gehen. Das war 2001. 2006 erschien sein „Reisebericht" als Buch mit dem Titel „Ich bin dann mal weg – Meine Reise auf dem Jakobsweg". Darin spricht der berühmte Jakobspilger im amüsanten Plauderton über die physischen und psychischen Anstrengungen seiner Unternehmung; er schildert seine Begegnungen mit unterschiedlichsten Menschentypen und seine Freundschaft zu zwei jungen Frauen, mit denen er die letzten 230 km seines Pilgerwegs gemeinsam ging. Gleich Tausenden von Pilgern war auch Hape Kerkelings Weg eine spirituelle Herausforderung auf der Suche nach dem Göttlichen und eine Reise zu sich selbst, wie er 2006 in einem Spiegel-Interview erklärte. Nur: Die allermeisten Menschen veröffentlichen ihre Eindrücke nicht, und wenn doch, dann erfahren sie nicht so viel Medienresonanz und öffentliche Aufmerksamkeit. Kerkelings Buch führte fast zwei Jahre lang die Sachbuch-Bestsellerliste an und wurde über vier Millionen Mal verkauft. Damit avancierte es zu einem der erfolgreichsten deutschen Sachbücher überhaupt. Kerkelings Popularität als Fernsehunterhalter kann aber nicht der alleinige Grund für diesen publizistischen Erfolg gewesen sein; ein anderer dürfte wohl in seiner Beschäftigung mit dieser speziellen Thematik liegen: Viele Menschen suchen in der spirituellen Erfahrung eine Strategie zur Bewältigung jener Herausforderungen, die das Leben an jeden von uns stellt. Von einem erfolgreichen Sympathieträger, der weder von einer Glaubensinstitution vereinnahmt noch politisch verschlissen ist, auf unkonventionelle, vielleicht einfache Weise eine Antwort auf die Sinnfrage des Lebens zu erhalten, weckt Hoffnungen. Weil sich diese jedoch nicht in der Alltagshektik erfüllen, braucht es dazu Auszeiten, sei es in Form anregender Lektüre oder einer Selbsterfahrung, zu der sich Suchende auf den Weg machen. Laut Wikipedia war nach Hape Kerkelings Veröffentlichung die Zahl deutscher Jakobspilger im Jahr 2007 um 71 Prozent, im darauffolgenden Jahr um 14, dann ab 2009 mit mehr als neun Prozent noch überdurchschnittlich angestiegen. In der Geschichte der vielen Pilger- und Wallfahrtsorte gab es einen Zuwachs der Besucherzahlen öfters zu verzeichnen, auch längerfristig. Auslöser waren dann aber aufsehenerregende Berichte von wundersamen Ereignissen, welche die Runde machten. Dass ein Entertainer einen derartigen Impuls gibt, wenngleich nur kurzfristig, ist bisher einmalig und die Folge einer geschickten Werbekampagne. Ungeachtet dessen und abseits des „Mainstreams" bietet die jahrhundertealte, manchmal sogar über tausendjährige Kontinuität zahlreicher „heiliger Stätten" reichlich Stoff für interessante Geschichten. Das zeigt nicht zuletzt die Flut von Büchern, Dokumentationen sowie Spielfilmen. Pilgerreisen und -orte haben auch in der Moderne nichts von ihrer Attraktivität verloren, und zwar aus dem einfachen Grund, weil die Sehnsüchte und Anliegen der Menschen vielfach dieselben geblieben sind. Und ein Hape Kerkeling unterscheidet sich darin nicht von Lieschen Müller oder Otto Normalverbraucher.

Pilgern und wallfahren

Kultstätten und -plätze mit besonderer Ausstrahlung, wo man sich dem Überirdischen nahe fühlt, finden wir in allen Religionen weltweit. Im Christentum herrscht die Auffassung, an manchen Orten sei Gott gewogener, die Anliegen und Bitten der Menschen zu erhören. Hierzu schreibt der Kirchenlehrer Augustinus im 5. Jahrhundert: „Gott ist überall und wird durch keinen Raum umschlossen oder begrenzt; wer aber kann seinen Plan durchschauen, weshalb Wunder an einem Ort geschehen, an dem anderen aber nicht?" Deshalb suchten Christen zu allen Zeiten heilige Stätten auf, um sich dem Göttlichen anheim zu stellen.

Zu den prominentesten christlichen Pilgerstätten zählen die Grabeskirche über dem Grab Jesu in Jerusalem, die Gräber der Apostel Petrus im Petersdom und Paulus in der Basilika St. Paul vor den Mauern in Rom, das Grab des Apostels Jakobus im spanischen Santiago de Compostela und die berühmten Marienwallfahrten Lourdes in Frankreich oder in Fátima in Portugal.

Durch das Wirken Christi und seiner Apostel zeichneten sich deren Grabstätten schon in der Frühzeit der Kirche als heilige Orte aus. Die Pilger des Mittelalters suchten der Reihe nach solche ehrwürdigen Stätten auf. Ihre Pilgerschaft auf Erden war auf lange Dauer, manchmal sogar auf das ganze Leben, ausgerichtet, weil sie die Heiligung des Lebens selbst zum Ziel hatte.

Ein wenig davon lebt bei vielen Fußpilgern der Gegenwart fort – deren Ziel ist neben dem Erreichen des Gnadenorts der zurückgelegte Weg, die geistige Verschnaufpause, während der sie sich trotz aller körperlichen Beschwernisse gleich einer Meditation innere Einkehr, tiefere Einsicht und nicht zuletzt seelisches Heil erhoffen. Das zumindest bestätigten die Jakobspilger, mit denen ich gesprochen habe. Keiner von ihnen hatte die Entscheidung bereut, diesen Weg gegangen zu sein.

Angesichts der zahlreichen Angebote von Pilgerbüros und Reiseunternehmern, welche Pilger- und Wanderreisen in allen möglichen Varianten in ihren Programmen führen, fällt die Entscheidung für den buchstäblich „ersten Schritt" einer solchen Unternehmung heute leichter. Die notwendige Infrastruktur mit vorgegebenen Routen, eingeteilten Etappen, ausgewiesenen Wegen, bequemen Transporthilfen, Übernachtungsmöglichkeiten für jeden Geldbeutel u. v. m. ist geschaffen. Auch Menschen mit einem körperlichen Handicap müssen längst nicht mehr auf ferne Ziele verzichten.

In früheren Jahrhunderten waren die Möglichkeiten weitaus begrenzter, sich auf eine lange, beschwerliche und garantiert gefährliche Pilgerreise zu begeben. Doch entwickelten sich im Laufe der Zeit Alternativen zu den Fernzielen. Nach der ersten Jahrtausendwende wurden „verehrungswürdige Überreste" aus dem Heiligen Land in großer Zahl importiert, z. B. Kreuz Christi-Partikel oder Gebeine von Heiligen. Geheiligte Reliquien, die in kunstvollen Behältnissen und Schreinen bestaunt werden konnten, machten auch die damit bedachten Kirchen des christlichen Abendlandes zu attraktiven Zentren für Gläubige. So lagen geistliche Ziele nicht mehr ausschließlich fern der Heimat; fortan waren sie auch in erreichbarer Nähe zu finden.

Zusätzlich häuften sich ab dem 12. Jahrhundert Legenden um die wundertätige Wirkung von Reliquien und heiligen Bildnissen. Dies machte viele Kirchen und Kapellen zu „Gnadenorten", die magische Anziehungskraft auf die fromme Bevölkerung ausübten. Damit hatten sich Alternativen zur aufwändigen Pilgerreise ergeben, wie sie in der Wallfahrt und auch im Bittgang fortleben.

Etliche Wallfahrtszentren, die in der Barockzeit, am Höhepunkt der Volksfrömmigkeit, bereits in der Blüte standen oder auflebten, konnten sich ihre Beliebtheit über die Stürme von Aufklärung und Säkularisation hinweg bewahren; sie erfreuen sich bis in die Gegenwart großen Zuspruchs. Andere, vor allem kleinere Wallfahrtsorte, besaßen von vornherein nur lokale Ausstrahlung und sanken nach frömmigkeits- und kirchenkritischen Phasen mehr oder weniger in die Bedeutungslosigkeit ab.

Zu den großen Gnadenstätten im deutschsprachigen Raum zählen heute das altbayerische Altötting, Einsiedeln in der Schweiz, das niederrheinische Kevelaer, das steirische Mariazell, Vierzehnheiligen in Oberfranken oder Walldürn in Baden-Württemberg. Wurden diese und viele andere Orte vor der Erfindung der modernen Massenverkehrsmittel ausschließlich aus der näheren und weiteren Umgebung nach einem oder mehreren Tagesmärschen zu Fuß erreicht, so spielen Entfernungen längst keine Rolle mehr. Zwar pflegen Pilger- und Wallfahrtsgruppen die Tradition der Fußwallfahrten weiterhin, und die Medien berichten fleißig darüber, aber das Gros der Besucher reist heute mit der Bahn, mit Bussen oder im eigenen Auto an. Dieser strukturelle Wandel bewirkte einerseits eine Veränderung im Wallfahrtsverhalten, andererseits sicherte er das Fortleben des Wallfahrtswesens, ja er steigerte sogar die Besucherzahlen bekannter Gnadenstätten.

Allen Annehmlichkeiten moderner Fortbewegung zum Trotz ist es nach wie vor die Fußwallfahrt, die einen besonderen Reiz auf die Teilnehmer solcher Unternehmungen ausübt; in den zurückliegenden Jahrzehnten hat sie sogar eine Renaissance erfahren. Insbesondere um Pfingsten machen sich allerorten Fußwallfahrergruppen auf den Weg.

Seit 1830 nimmt die mittlerweile größte Fußwallfahrt Deutschlands alljährlich am Donnerstag vor Pfingsten in der oberpfälzischen Bischofsstadt Regensburg ihren Anfang. Binnen drei Tagen legen die Pilger 111 Kilometer bis zum oberbayerischen Marienwallfahrtsort Altötting zurück. Auf dem Weg, der größtenteils durch den Regierungsbezirk Niederbayern führt, schließen sich zahlreiche Gläubige dem kilometerlangen Zug an. Seit Mitte der 1970er-Jahre wuchs der Pilgerstrom mit damals ca. 3.000 Teilnehmern kontinuierlich an. 2013 gingen 4.500 Pilger von Regensburg los, am Ende zogen 9.000 Pilger feierlich in Altötting ein.

Das Phänomen Wallfahrt wurde schon mehrfach kulturwissenschaftlich untersucht, die Frage nach der Motivation immer wieder gestellt und beantwortet: aus Sportlichkeit, Tradition, Glaubensüberzeugung, wegen des Gruppenerlebnisses, zur Einkehr und Meditation, aufgrund eines Gelöbnisses – die Antworten sind vielfältig und doch immer wieder ähnlich. Eine Tübinger Studie zum Thema „Wallfahrt – Tradition und Mode" sieht darin ein überliefertes religiöses Kultur- und Verhaltensmuster, das „offensichtlich gewisse Spannungen menschlicher Existenz zumindest vorübergehend erträglicher machen kann". Das ist vorsichtig formuliert und mag wissenschaftlich distanziert klingen, aber psychologisch betrachtet ist die Aussage unmissverständlich positiv. Seien wir also froh, dass die christliche Tradition mit der Wallfahrt vielen von uns eine Strategie bietet, schwierige Lebenssituationen psychisch besser zu bewältigen.

Sprechen Sie einmal mit Wallfahrern, und Sie werden feststellen oder vielleicht sogar aus eigener Erfahrung bestätigen können: Wer sich einmal dazu aufraffte und auf den Weg machte, wer stundenlanges Gehen bei Hitze und Regen meisterte, mit kleineren Beschwerden wie Blasen an den Füßen zurechtkam und seinen meditativen Rhythmus in und mit der betenden Gemeinschaft fand, schwärmt meistens von den Eindrücken und Erlebnissen einer Fußwallfahrt. Selbstverständlich geht es dabei nicht allein um die Überwindung von Bequemlichkeit, und die Suche nach der körperlichen Herausforderung ist zweitrangig. Dafür gibt es jede Menge anderer Angebote und Möglichkeiten. Als Wallfahrer ist man ein „spiritueller Wanderer", man nimmt seine persönlichen Anliegen, seine Gedanken, Sorgen und Nöte mit auf den Weg und hinein ins Gebet. Viele suchen Trost oder haben Grund zur Bitte oder zum Dank – auf dem Weg sowie am Ziel, beide Male tanken gläubige Menschen Kraft für ihren Alltag.

Vormittags demonstrieren, nachmittags feiern

Fällt das Wort „Demonstration", so denken wir dabei zuerst an politische Meinungsäußerungen, Protestveranstaltungen, manchmal auch Auseinandersetzungen und Ausschreitungen, bei denen eine Ansammlung von Menschen ihrem Unmut über bestehende Verhältnisse Ausdruck verleiht und um bessere streitet. Die Tagesschau führt uns jedenfalls solche Veranstaltungen beinahe täglich aus aller Welt vor Augen. Was in anderen Staats- und Herrschaftsformen massiv ertrotzt und erstritten werden muss, ist uns seit 1949 verfassungsrechtlich garantiert. Unser Grundgesetz regelt in Artikel 8 das sogenannte „Demonstrationsrecht". Viele von uns haben davon schon Gebrauch gemacht, die verschiedenen Formen von Demonstrationen kennen wir alle: Kundgebungen, Menschenketten, Friedensmärsche, Montagsdemonstrationen, Mahnwachen, Sitzblockaden und in jüngerer Zeit auch Online-Demonstrationen. Bei allen diesen Bekundungen erklären sich die Teilnehmer mit dem Ziel, das ihre Aktion verfolgt, solidarisch und demonstrieren dies schweigend, skandierend, singend oder schriftlich.

Das Tätigkeitswort „demonstrieren", das uns allen geläufig ist, wurde im 16. Jahrhundert aus dem lateinischen *demonstrare* entlehnt; es bedeutet „hinweisen, deutlich machen". Die Vorsilbe „de" verstärkt das Grundverb *monstrare*, das „zeigen" heißt. Davon abgeleitet kommt in der Liturgie die „Monstranz", lateinisch *monstrantia*, zum Einsatz. Sie ist das Gefäß, das zum „Zeigen und Tragen" der gewandelten Hostie verwendet wird. Dies geschieht bei einer religiösen Demonstration, nämlich bei der Fronleichnamsprozession, deren Mittelpunkt Jesus Christus ist, umgeben und begleitet vom sinnbildlich „wandelnden Gottesvolk".

Entstanden ist das Fronleichnamsfest 1246 im belgischen Lüttich, angeregt durch die Vision einer Augustinerordensfrau namens Juliana. Bereits 1264 erhob Papst

Urban IV. Fronleichnam zum Kirchenfest, das sich rasch verbreitete.

Sinn des Festes ist die Erinnerung an die Einsetzung der Eucharistie, die auf dem „Letzten Abendmahl" gründet, das Jesus Christus mit seinen Jüngern am Gründonnerstag feierte. Nur eignet sich die Karwoche nicht für das prächtige Hochfest, deshalb feiert die katholische Welt Fronleichnam am zweiten Donnerstag nach dem Pfingstfest.

Nach wie vor ist der Fronleichnamstag ein gesetzlich geregelter Feiertag in den meisten deutschen Bundesländern, in Österreich und Liechtenstein, in Polen, Kroatien, Portugal und in etlichen außereuropäischen Ländern.

Die Bezeichnung „Fronleichnam" leitet sich von den beiden mittelhochdeutschen Wörtern *vrôn* für „göttlich", *lich* für „Körper, Leib" und vom germanischen *hama[n]* für „Hülle" ab. Die Zusammensetzung *vrônlicham* bedeutet demnach die „göttliche Leibeshülle". Damit ist der „Leib des auferstandenen Gottes", die Hostie, gemeint. Erst in späterer Zeit wandelten die Wörter „Leiche" bzw. „Leichnam" ihre Bedeutung, und zwar vom „lebenden Körper" zum „toten Körper", was wir noch heute darunter verstehen.

Zentraler Brauch des Fronleichnamsfestes ist die Fronleichnamsprozession, also die öffentliche Verehrung der Eucharistie, wie man sie im gesamten deutschen Sprachraum und in ähnlicher Weise in vielen weiteren Ländern begeht. Nach der Heiligen Messe wird die verhüllte Monstranz mit dem „Allerheiligsten" vom Priester, gefolgt von den Ministranten, feierlich durch die Straßen getragen. Das Allerheiligste wird beschirmt vom „Himmel" – das ist die volkstümliche Bezeichnung für den kunstvoll bestickten Baldachin, der, an vier Stöcken ausgespannt, mitgetragen wird. Der Baldachin war einst ein Herrschaftssymbol, das zu diesem kultischen Zweck übernommen wurde und ausschließlich dem nach christlichem Glauben in der Hostie gegenwärtigen Christus gebührt. An vier Stationen entlang des Weges sind Altäre aufgebaut. Dort wird aus dem Evangelium gelesen und gebetet. Mit der enthüllten Monstranz erteilt der Priester den eucharistischen Segen in alle vier Himmelsrichtungen, wie man es von den Flurumgängen her kennt. Im Vordergrund steht dabei nicht der Verzehr des gewandelten Brotes, sondern seine Betrachtung im „Heiligen Gefäß" – eine religiöse Andachtsübung, die von der mittelalterlichen Frömmigkeitspraxis herrührt.

Kaum ein katholischer Kirchentermin findet derart prächtigen Ausdruck im Brauch wie Fronleichnam. Die Gläubigen, die an der feierlichen Prozession teilnehmen, sind festlich gekleidet, in vielen Gegenden tragen die Frauen und Männer ihre bunten Festtagstrachten, der Prozessionsweg ist häufig mit frischem Grün bestreut und von Birkenbäumchen gesäumt, die Altäre sind blumengeschmückt, die Häuser entlang des Wegs herausgeputzt; Böllerschüsse werden abgefeuert und die Kirchenglocken geläutet. Der Zug, dem sich in örtlich unterschiedlicher, aber jeweils festgelegter Reihenfolge auch Ordensleute, Repräsentanten des öffentlichen Lebens, Erstkommunikanten, Kinder und Frauen mit Kränzen aus Blumen und grünen Zweigen, Bruderschaften mit Prozessionsstangen, Vereine mit ihren Fahnen sowie verschiedene Stände- und Berufsgruppen anschließen, wird von Gebeten, Gesängen und Blasmusikklängen begleitet. Am Chiemsee und am Staffelsee in Oberbayern, im niederbayerischen Niederalteich an der Donau, zwischen Laufen und Oberndorf an der Salzach und in Köln am Rhein findet die Prozession sogar auf dem Wasser als Schifffahrtsprozession statt.

Von einer auf Eindruck bedachten, öffentlichen und typisch katholischen Demonstration des Glaubens zu sprechen, scheint in diesem Zusammenhang angebracht. Das hat seinen historischen Grund in den unterschiedlichen konfessionellen Auffassungen: Der Reformator Martin Luther bezeichnete Fronleichnam als das „allerschädlichste

Jahresfest", weil er darin keine biblische Grundlage sah und Prozessionen als Gotteslästerungen erachtete. Als Reaktion darauf gestalteten die Katholiken im Zuge der Gegenreformation das Fest umso farbenprächtiger. Im bayerisch-alpenländischen Raum verstand man es beim „Umgang" in besonders barocker Weise zu „prangen", d. h. prunkvoll aufzutreten und durch Glanz hervorzustechen. Daher rührt die niederbayerische Bezeichnung „Prangertag". Man spricht hier ebenso vom „Kranzltag" wie in der Oberpfalz, gemäß den mitgeführten Kränzen und dem ehemals verstreuten Grün, das in Franken sinnigerweise „Kränzelstreu" heißt.

In der Spätgotik und erst recht im Barock wurden die Fronleichnamsprozessionen zusätzlich mit „lebenden Bildern" ausgestaltet, die neben Legenden über das Leben volkstümlicher Heiliger biblische Szenen zum Inhalt hatten – ähnlich den Weihnachts-, Passions- und Osterspielen. Bevorzugte Stoffe waren Szenen aus dem Leben Jesu wie z. B. die „Fußwaschung", das „Letzte Abendmahl", der „Verrat des Judas" oder aber abwegige Inszenierungen des ewigen Kampfs zwischen Gut und Böse, Himmel und Hölle mit Engeln, geschwänzten Teufeln oder dem „Lindwurm", den unfraglich ein Heiliger wie z. B. der Drachentöter Georg zu gewinnen hatte.

Daran erinnert der berühmte „Further Drachenstich" in der Oberpfalz, der ab dem ausgehenden 16. Jahrhundert für lange Zeit einen effektvollen theatralischen Bestandteil der Prozession unmittelbar hinter dem Allerheiligsten abgab. Es war dies eine bewusste Inszenierung im Zeichen der Glaubenskämpfe während der Gegenreformation: Ritter Georg als kühner Verteidiger des Katholizismus besiegte hoch zu Ross im eindrucksvollen Kampf den Drachen, der den protestantischen bzw. im bayerisch-böhmischen Grenzgebiet den „hussitischen" Glauben symbolisierte. Diesem überkommenen Sinnbild rückte man zu Recht bereits in der Aufklärung zu Leibe. Und wie so oft bei diesen volkstümlichen

Schauspielen war auch das Further Fronleichnamsspiel zu einer regelrechten Volksbelustigung ausgeartet: Der Drache schnappte gern nach den attraktiven Jungfrauen und der Ritter, der sie mit dem von der Masse erwarteten, legendären „Drachenstich" aus dieser Not befreien sollte, verfehlte nicht selten vor Trunkenheit sein Ziel. Derartig burleskem Treiben konnte die Kirche nicht zuschauen. Doch den Verboten aus den Jahren 1754 und 1878 leisteten die Further erbitterten Widerstand, bis man 1886 eine einvernehmliche Lösung fand, das Schauspiel sinnvollerweise von der Fronleichnamsprozession löste und zu einem eigenständigen Festspiel erklärte. Die Further rühmen sich mit „Deutschlands ältestem Volksschauspiel", das seither alljährlich am zweiten Augustsonntag zur Aufführung gelangt.

Humor und Ernst liegen allenthalben nah beieinander: Neben dem mehr oder weniger komischen Volksschauspiel als historischem Element der Fronleichnamsprozession gibt es auch eine volkstümliche Interpretation derselben in einem Volkslied. So erfuhr die einst prunkvolle Münchner Fronleichnamsprozession, die seit 1343 bezeugt ist, in ihrer nachbarocken Ausgestaltung im Volkssängercouplet „Der Umgang" aus den 1880er-Jahren ihre populäre Persiflage. Darin und in einer späteren Umdichtung werden die Teilnehmer in geradewegs kabarettistischer Manier besungen, z. B. der lange, quasi „zaundürre" Fahnenträger, den schon ein leichter Wind umreißt, die Veteranen, Feuerwehrleute und Militärs, welche strammen Schritts, gemeint ist arrogant, aufmarschieren, der betrunkene Paukenschlager sowie der scharf intonierende Trompeter, Pilger aller Altersgruppen, die zwar noch nie in Palästina waren und stattdessen den „Augustinerbräu" bevorzugen, oder das Fräulein Fanny, das an der Prozession nur wegen ihres „Schani" (Jean = Johann) teilnimmt. Der Hartschier, der berittene Leibgardist, verwünscht neben dem „Himmel" herreitend den ganzen „Umgang" und sehnt sich nach einem Bier, ja selbst der

Prinzregent entrinnt dem Spott der Volkssänger nicht. Hierzu die siebte und letzte Strophe im originalen, gemäßigtbayerischen Wortlaut:

Und dann kommt der Prinzregent,
Prinzregent, Prinzregent.
Mit der Kerzn in de Händ,
die scho nimma brennt.
Und d' Musi spielt das Fischerlied,
daß oam ganz damisch wird
und dass ma 's Ghör verliert.
's letzt Jahr sand glei drei Hund krepiert,
weil so a saudumms Liad
jeds Viech ruiniert.

Historisch verbürgt ist für das Jahr 1915 die Teilnahme des Prinzregenten und letzten Bayernkönigs Ludwig III. Dieser schritt der vom Baldachin überdachten Monstranz mit brennender Kerze voran und bezeugte auf diese Weise öffentlich seine Demut vor dem mächtigeren Herrscher.

Nach ihrem permanenten Niedergang seit der Aufklärung stand die Fronleichnamsprozession für den stillen, aber demonstrativen Protest der Katholiken gegen das Unrechtsregime der NS-Zeit. In den Nachkriegsjahrzehnten wurde die Tradition des „Prangertags" bzw. „Umgangs" in Stadt und Land erhalten; ihren ehemals glaubenskämpferischen Charakter sowie übertriebenen Protz hat sie indessen verloren – beides ist nicht zu bedauern.

Dem öffentlichen Bekenntnis zum Glauben und zur christlichen Gemeinschaft durch Teilnahme an der vormittäglichen Prozession folgt wie bei den katholischen Bräuchen Wallfahrt, Bitt- und Flurumgang alsbald die Stärkung des leiblichen Wohls. So ist es gute Tradition, nach einem Abschlussgottesdienst zur weltlichen Feier zu schreiten. Wohl in Anlehnung an die Fronleichnamskränze, welche die Prozession schmücken, sowie an die Bezeichnung „Kranzltag" spricht man im Kelheimer Raum nahe der niederbayerisch-oberpfälzischen Bezirksgrenze vom „Kranzeinnetzen": Man trifft sich zu Speis und Trank, Kaffee und Kuchen, zu Geschicklichkeitsspiel und Geselligkeit. Viele Hände helfen zusammen und tragen dazu bei, dem Fronleichnamsfest einen fröhlichen Fortgang in guter Gemeinschaft und einen schönen Ausklang zu verleihen. Der Erlös findet meist seinen karitativen Zweck als Spende an eine bedürftige Einrichtung.

Scheuen Sie sich nicht, an solchen Veranstaltungen teilzunehmen. Als Christ bzw. Katholik müssen Sie weder zur Prozession noch zur anschließenden Feier auf eine gesonderte Einladung warten – Sie sind immer eingeladen.

Übrigens kann die christliche Gemeinschaft gerade im Zeitalter von Globalisierung und hoher Mobilität eine zunehmend wichtige Aufgabe erfüllen. Egal in welchem Winkel dieser Welt Sie arbeiten, wo Sie hinziehen oder wohnen – die ehemalige Splittergruppe am Rande der jüdischen Gesellschaft hat sich schon vor Jahrhunderten zu einer globalen Solidargemeinschaft entwickelt. Das Neue und Revolutionäre, was diese Gruppe vorlebte und auszeichnete, zeigte sich darin, dass ihre Mitglieder füreinander da waren. Was bis dahin allenfalls in den Sippen praktiziert wurde, z. B. gegenseitige Hilfe, dazu fühlen sich Christen durch das Gebot der Nächstenliebe über ihre familiären Gruppen hinaus aufgerufen. Hierin besitzen christliche Organisationen Kompetenz, Erfahrung und gute Netzwerke. Diese Menschen dürfen Sie als ihre Schwestern und Brüder im Geiste betrachten; Ihre „Familie" ist so gesehen riesengroß. Man wird Sie dort herzlich empfangen, Sie werden aufgenommen, ohne Hintergedanken und unlautere Absichten. Wenn Sie es wollen, können Sie rasch Kontakt finden – jederzeit und überall.

Maria – entrückt und doch so nah

Wie oft begegnet Ihnen eigentlich „Maria"? Ich traue mir zu behaupten, bestimmt häufig. Ich denke dabei nicht an eine der „Marienerscheinungen", wie sie beispielsweise für Lourdes, Fátima oder Medjugorje von den einen geglaubt, von anderen bezweifelt werden. Überlegen Sie aber einmal, wie viele Frauen, die auf den Namen „Maria" getauft sind, sich in Ihrer Umgebung befinden – in Ihrer Familie, im Freundes- und Bekanntenkreis, unter Ihren Arbeitskolleginnen? In meinem Umfeld komme ich auf knapp zwei Dutzend. Einige „Marien" begegnen mir selten, andere sehe oder spreche ich beinahe täglich. Die meisten haben am 12. September Namenstag und werden bestimmt um ihre ursprüngliche Namensgeberin, die Mutter Jesu Christi, wissen.

„Maria" ist die lateinische Umformung des hebräischen *Mirjam*. Weil die Verehrung, welche Maria als „Gottesmutter" zuteil wird, jene der Engel und Heiligen übersteigt, war es geboten, den weiblichen Vornamen „Maria" bis weit ins 16. Jahrhundert hinein nicht zu verwenden; es hätte als Entwürdigung der „Ersten aller Heiligen" gegolten. Man bezeichnet diesen besonderen Verehrungsstatus als *Hyperdulie*; der Begriff stammt aus dem Griechischen und benennt eine „übersteigende Hochschätzung"; sie ist nicht mit Anbetung zu verwechseln, die ausschließlich Gott gebührt. Die im Barock kirchenpolitisch intensiv geförderte Marienverehrung, die auf fruchtbaren volksfrommen Boden fiel, bewirkte schließlich eine erste Verbreitung dieses Frauennamens. Eine nächste Phase der Marienfrömmigkeit vollzog sich nach der Aufklärung während der Romantik, sodass der Name „Maria" seit dem 19. Jahrhundert auch als zweiter männlicher Vorname auftaucht. Die „geistlichen Bewegungen" des 19. / 20. Jahrhunderts, insbesondere die in der römisch-katholischen Kirche propagierte „marianische Bewegung", begünstigten den Marienkult. Dieser zeigte aufgrund der zunehmenden „Marienerscheinungen" seit der Zwischenkriegszeit auch pathologische Züge. Von den insgesamt 210 „Erscheinungen" in verschiedenen europäischen Ländern erhielt allerdings keine einzige die kirchliche Anerkennung; außerdem sind selbst die als übernatürlich anerkannten Phänomene nicht Bestandteil der katholischen Lehre und somit für Katholiken nicht verbindliches Element des Glaubens. Inwieweit sich die Marienfrömmigkeit des Papstes Johannes Paul II. und seine Besuche der bekannten Marienwallfahrtsstätten auf die volkstümliche Marienverehrung auswirkte, kann dahingestellt bleiben.

Die Statistik der beliebtesten Vornamen Deutschlands liefert ein eigenes Bild. Dort ist der Name „Maria" im Jahr 1890 unter den ersten zehn zu finden. Nach einem anschließend kontinuierlichen Abstieg in der Beliebtheitsskala und regelrechten „Abstürzen" in den 1930er- und 1970er-Jahren steht er mittlerweile wieder im vorderen Drittel. In den 1980er-Jahren rangierte er auf Platz 33 von 200, und speziell in Süd- und Westdeutschland gehört „Maria" zu den beliebtesten Vornamen.

Selbstverständlich waren Vornamen von jeher Moden unterworfen, doch im besagten Fall scheint die Beliebtheit auf einer langen Tradition zu beruhen.

Die große Verehrung Marias zeigt sich auch in den Zeichen, die ihr in vielen Orts- und Stadtzentren gesetzt wurden, in den sogenannten „Mariensäulen" – Denkmäler, die selbstredend an „Marienplätzen" stehen. Für die „Schutzpatronin Bayerns", die *Patrona Bavariae*, wurde die erste im Jahr 1638 auf dem Münchner Marktplatz eingeweiht. Ihre Erstellung fußt auf einem Gelübde des bayerischen Kurfürsten Maximilian I., der die Zerstörung der Stadt während des Dreißigjährigen Kriegs befürchtete. Aber „Maria hat geholfen": Zwar marschierten die schwedischen Truppen in

München ein, doch der Schwedenkönig Gustav II. Adolf entschied sich gegen die beabsichtigte Zerstörung seiner Heerführer. Die Stadt blieb verschont. Dieser Gnadenakt ging als „Wunder von München" in die Stadtgeschichte ein. Im Oktober 1854 benannte der Magistrat den Marktplatz in „Marienplatz" um – wenige Monate vorher, im Juli, war eine Choleraepidemie ausgebrochen.

Ebenfalls aus Dank für die Rettung vor den Schweden stiftete der Habsburger Kaiser Ferdinand III. 1645 die Mariensäule in Wien und 1650 in Prag. In der Folge wurden noch vielerorts Mariensäulen errichtet. Späteren Aufstellungen des 19. und 20. Jahrhunderts ging die Verkündung des Dogmas von der „Unbefleckten Empfängnis" durch Papst Pius IX. im Jahr 1854 voraus.

Mit dieser Dogmatisierung, die gegen die Bedenken römischer Theologen geschah, begann das „Marianische Jahrhundert", das dem Heidelberger Theologen Norbert Scholl zufolge seinen problematischen Höhepunkt im Dogma von der „leiblichen Aufnahme Marias in den Himmel" durch Pius XII. im Jahr 1950 erreichte. Diese beiden Dogmen beruhen auf dem persönlichen Erlass des jeweiligen Papstes, sie sind nicht Ergebnis eines allgemeinen Konzils. Sie stützen sich weder auf eine klare Schriftaussage, so Scholl, noch auf eine eindeutige Tradition. Aus diesem Grund werden sie von anderen christlichen Kirchen abgelehnt.

Auch mündige Gläubige, die ihre Zweifel an der päpstlichen Unfehlbarkeit hegen, kommentieren diese „Glaubenssätze" mit verständnislosem Kopfschütteln, und nicht nur sie fragen sich, ob (solche) Dogmen noch zeitgemäß sind. Begründetermaßen bleiben für den Schweizer Priester und Theologieprofessor Hans Küng und einige seiner Kollegen diese „Sätze hinter der Wirklichkeit zurück".

Der Wunsch nach Reformen und zeitgemäßen Übersetzungen ist groß bei den Gläubigen, aber diesbezüglich lässt die Kirche ihr „Volk" zappeln. Die Kirchenoberen wären gut beraten, den Menschen Schrift und Glaubenssätze besser „auszudeutschen". Denn wer denkt schon in komplizierten theologiewissenschaftlichen Kategorien? Theologisches „Herrschaftswissen", das sich auf elitäre Klerikerzirkel beschränkt, ist längst fehl am Platz. Wenn die Kirche weiterhin soviel „Geheimnis" um den Glauben macht, dann steht zu befürchten, dass sie mit ihrem „Latein" bald am Ende sein wird.

Wenigstens zum besseren Verständnis der „Unbefleckten Empfängnis" sei an dieser Stelle eine kulturhistorische Erklärung geliefert: Die sogenannte „Jungfrauengeburt" ist selbstverständlich nicht im biologischen Sinne aufzufassen, sie ist ein Sinnbild aus der hellenistischen und römischen Mythologie, wonach eine herausgestellte Herrscherpersönlichkeit wie z. B. ein König *immer* von einer „Jungfrau" geboren wurde. Dieses aus seiner Zeit heraus interpretierbare „Privileg" *musste* deshalb genauso für den bedeutendsten aller Männer Israels und „Sohn Gottes" reglementiert werden.

Und was hat man sich unter der „leiblichen Aufnahme Marias in den Himmel" vorzustellen? Wenn „Himmel" hier in seiner religiösen Bedeutung und nicht planetär, als sichtbarer Raum über der Erde, auszulegen ist, dann können Übersetzungen bzw. Interpretationen wie „vollendete Glückseligkeit" oder „Einssein mit Gott" hilfreich sein. Mit der „Auferstehung des Leibes" sei der Mensch in seiner Ganzheit gemeint, predigte der Landshuter Pfarrer Guido Anneser am „Himmelfahrtstag" 2013. Nicht nur eine „reine Seele" trete hin vor Gott, vielmehr der „ganze Mensch" mit all seinen Versuchen zu lieben, mit der Erfahrung von Schuld und Scheitern. Dafür stehe das Wort „Leib", mit dem wir leben und handeln. Und Maria sei als erste [bei Gott] angekommen – als erste von vielen.

Mit dieser Predigt konnten die Gottesdienstbesucher etwas anfangen.

Maria, die „Mutter Gottes", steht im Zentrum der katholischen Heiligenverehrung. Das „Ave Maria" („Gegrüßet seist du, Maria") ist ein Grundgebet der katholischen Kirche; es ist Bestandteil des „Rosenkranzes" und das meistgesprochene Gebet nach dem „Vaterunser". Der sogenannte „englische Gruß", die Anrede des Erzengels Gabriel bei der Verkündigung, entstand bereits im 11. Jahrhundert; die Ergänzung mit der Bitte um eine gute Sterbestunde erfolgte zwei Jahrhunderte später.

Bis heute wenden sich Gläubige in ihren Anliegen an Maria. Davon zeugen nicht nur die Besucherzahlen an den Wallfahrtsstätten. Viele Rosenkranz-Gebetsschnüre kann man z. B. um die Rückspiegel gekettet in Autos beobachten. Daraus ist zu schließen, dass sich Fahrzeuglenker von diesem Andachtsgerät, das meist an Wallfahrtsorten als „Devotionalie" erworben und geweiht wird, Schutz im Straßenverkehr erhoffen, auch wenn sie das Gebet selbst vielleicht gar nicht beherrschen.

Dem Begriff „Rosenkranz" liegt das lateinische Wort *rosarium* zu Grunde, das ursprünglich eine Rosengirlande benannte, mit der das Bildnis von Maria zum Zeichen ihrer „Jungfräulichkeit" geschmückt wurde. In der christlichen Kunst begegnen Darstellungen von der „Rose ohne Dornen" häufig. Nicht belegt ist allerdings, ob die Gebetskette, die wir ebenso wie das Gebet als „Rosenkranz" bezeichnen, eine ursprünglich christliche Erfindung ist. Denn es gab islamische und hinduistische Gebetsschnüre, bevor man den „Rosenkranz" im 11. / 12. Jahrhundert auch im Abendland kannte, sodass es sich wahrscheinlich um eine zumindest formale Entlehnung aus der Zeit der Kreuzzüge handelt. Doch bereits im 15. Jahrhundert hatte sich der aus mehreren Gebeten kunstvoll zusammengefügte Rosenkranz zur bekannten Gebetsform entwickelt, die mit Hilfe des gleichnamigen „Zählgeräts" bewerkstelligt wird.

Die Tradition des Rosenkranzgebets reicht also weit in

unsere christlich-abendländische Kulturgeschichte zurück. Beten und seine Anliegen Gott oder der „Mutter Gottes" anzuvertrauen, gehört für Millionen von Menschen zum täglichen Ritual, das sie zum Teil mehrmals ausüben – morgens, mittags und abends. Beten ist der „Atem unserer Seele", wie der Münchner Erzbischof Friedrich Kardinal Wetter einmal betonte. Auf diese Weise „Luft zu holen" ist allen Menschen möglich, denn die Möglichkeiten zu beten sind unbegrenzt und immer gegeben. Entscheidend ist nur, sich darauf einzulassen – in schlechten wie in guten Tagen.

Berührt hat mich die Geschichte eines schwerkranken Bekannten; er gestand mir, dass er die langen Nächte im Krankenhaus ohne „seinen Rosenkranz" und das Gebet nicht durchgehalten hätte: „Maria hat geholfen" – davon war er überzeugt.

Ein Büschel voller Kräuter

Erste Marienfeste kannte bereits die frühmittelalterliche Kirche. Im Laufe der Jahrhunderte wurden daraus 28 marianische Fest- und Gedenktage, wovon viele wieder in Vergessenheit gerieten. Heute zählt das römisch-katholische Kirchenjahr noch 16 Marienfeste, die sich über die zwölf Monate verteilt zu einem kompletten „marianischen Jahr" zusammenfügen. Mit „Mariä Lichtmess" am 2. Februar und „Mariä Verkündigung" am 25. März kommen zwei „marianisch geprägte Herrenfeste" hinzu. Diese beiden Feste werden zusammen mit „Mariä Heimsuchung" auch von den evangelisch-lutherischen Kirchen begangen.

Im weltlichen Brauch veränderte sich mit dem wirtschaftlichen und gesellschaftlichen Strukturwandel nach dem Zweiten Weltkrieg vieles. Hier hat z. B. „Maria Lichtmess" am 2. Februar seine einst wesentliche Bedeutung als „Dienstbotentag" im bäuerlichen Jahr zwangsläufig eingebüßt: An „Lichtmess" erhielten Knechte und Mägde ihren Lohn für das abgelaufene Jahr und sie konnten die Arbeitsstelle wechseln; ferner herrschte mit Ausnahme der Stallarbeit bis zum 5. Februar Freizeit. Diese „Schlenkeltage" dienten dem Verwandten-, Markt- und Wirtshausbesuch, dem „Schlenkeln", wie es im Volksmund hieß.

Über den kirchlichen und weltlichen Festkalender hinaus bleibt am 15. August das Bewusstsein und die Erinnerung an das Hochfest „Mariä Aufnahme in den Himmel", volkstümlich „Himmelfahrts- oder Auffahrtstag" genannt, auch durch volksfromme Bräuche lebendig. Dies erlebt man in den überwiegend katholischen Gebieten Süddeutschlands und den angrenzenden alpenländischen Nachbarländern intensiv. Vor allem die „Kräuterweihe" ist untrennbar mit dem „Großen Frauentag" verbunden. Eine Benediktion (Segnung) von Kräutern gab es in zurückliegenden Jahrhunderten an vielen Festen im Kirchenjahr, doch geblieben ist einzig die am „Himmelfahrtstag". Sie wird nachweislich seit dem 10. Jahrhundert vollzogen. Warum es aber ausgerechnet an „Himmelfahrt" Brauch wurde, Kräuter zu segnen, bleibt letzten Endes ungewiss. Einen Bezug liefert das sogenannte „Hohelied" des Alten Testaments. Dort ist die Rede von einer „Blume des Feldes und Lilie in den Tälern" (Hoheslied 2,1). Diese bildhafte Umschreibung wurde bereits im frühen Christentum auf Maria bezogen und spielte in der mittelalterlichen Marienverehrung eine bedeutende Rolle. In der mehrfach veränderten „Lauretanischen Litanei" von 1531 wird Maria als „geheimnisvolle Rose", *rosa mystica*, angerufen. Schon im 5. Jahrhundert wurde Maria als „guter und heiliger Acker" bezeichnet, der eine göttliche Ernte hervorbrachte. Dass dementsprechend die in Süddeutschland und Österreich beliebte Darstellung der „Madonna im Ährenkleid" speziell in Zeiten einer überwiegend agrarischen Gesellschaft ein schlüssiges Bild abgab, liegt nahe.

Dem überlieferten Volksglauben zufolge sollen Kräuter

gesteigerte Heilkraft während des „Frauendreißigers" entfalten, womit die Tage von „Mariä Himmelfahrt" am 15. August (Großer Frauentag) bis zum Fest „Maria Namen" am 12. September (Kleiner Frauentag) bezeichnet sind. Mit diesen geweihten „kreutern geschicht seer vil zauberey", kritisierte der deutsche Chronist und Schriftsteller Sebastian Franck in seinem Weltbuch von 1534, und dem mag man in Anbetracht des einst weitverbreiteten Aberglaubens gar nicht widersprechen. Aber andererseits konnte sich die Menschheit vor der Erfindung pharmazeutischer Präparate nur mit Naturarzneien zur Krankheits- und Schmerzbehandlung behelfen; umso mehr bedurfte sie der Heilkräuter und des Wissens um deren Wirkung. Bei ihrer Anwendung waren die Grenzen zwischen Heilwissen und Magie sicher fließend. Dies lässt auch das Zusammenspiel von Zahlensymbolik und Pflanzenkunde bei der Zusammensetzung des „Kräuterbuschen" erahnen. Die Anzahl der Kräuter reicht von mindestens sieben oder zwölf bis zu 99 Kräutern. Die Sieben nahm bereits in antiken Kulturen eine Sonderstellung ein und gilt im Christentum als heilige Zahl. Sie ist die Summe aus der Drei (göttliche Dreifaltigkeit) und der Vier (vier Elemente: Feuer, Wasser, Luft und Erde) und zeigt sich z. B. in den „sieben Tugenden" (Glaube, Hoffnung, Liebe, Klugheit, Gerechtigkeit, Tapferkeit, Mäßigung), in den „sieben Lastern" (Stolz, Geiz, Wollust, Neid, Völlerei, Zorn, Trägheit) oder in den sieben Sakramenten (Taufe, Firmung, Eucharistie, Beichte, Ehe, Priesterweihe, Krankensalbung). Die Neun bzw. Zwölf ergibt sich aus der Multiplikation von 3 x 3 bzw. 4 x 3. Neben göttlichen Konstellationen auch in anderen Kulturen symbolisiert die Drei den Jahres- und Lebenszyklus (Wachstum, Frucht, Vergänglichkeit; Jugend, Lebensmitte, Alter).

Die Gewürz- und Heilkräuter des „Würzwisch" oder „Krautbuschen" variieren je nach Region; bestimmte fehlen aber selten im „Krautbund". Hierzu zählen Johanniskraut, Wermut, Beifuß, Rainfarn, Schafgrabe, Königskerze, Tausendgüldenkraut und Eisenkraut; hinzu kommen z. B. Kamille, Thymian, Baldrian oder Spitzwegerich.

Am 15. August geweihte Kräuterbündel finden in manchen bäuerlichen Familien noch ihre Verwendung im Stall, sei es dass sie bis zum nächsten Himmelfahrtstag zum Schutz des Viehs an der Wand hängen oder kranken Tieren ins Futter gemischt werden. Im Haus steckt man sie hinter das Kruzifix.

Ansonsten zählt das alte, einst weit verbreitete Heilwissen unserer Vorfahren mittlerweile beinahe ausschließlich zum Spezialwissen der Kräuterkunde, das in Naturheilverfahren wieder zu Ehren kommt. In der Gesellschaft ist es weitgehend verloren gegangen. Anstatt bei harmlosen Verdauungsbeschwerden oder Kopfschmerzen vielleicht einen Extrakt aus Wermutkraut wirken zu lassen, wie es schon Hildegard von Bingen und unsere Großeltern handhaben, greifen wir zu Medikamenten und lesen zu Risiken und Nebenwirkungen meist nicht die Packungsbeilage oder fragen den Arzt oder Apotheker.

„Ich bin Maxi ..."

Die bayerischen Kabarettisten Monika Gruber und Günter Grünwald studieren für eine ihrer beliebtesten Satiren in der „Grünwald Freitagscomedy" des Bayerischen Fernsehens regelmäßig Geburtsanzeigen. Die ausgefallensten Vornamen und kuriosesten Namenskombinationen tragen sie kommentiert ihrem amüsierten Publikum vor und ernten dafür regelmäßig großen Beifall. Was diese beiden medienerfahrenen Publikumslieblinge mit ihrer scharfsichtigen Beobachtungsgabe als spöttischen Comedy-Beitrag anlegen, ist keinesfalls frei erfundener „Kabarettistenzwirn", sondern spiegelt einen realen Aspekt der gesellschaftlichen Veränderungen zurückliegender Jahrzehnte: Kinder werden nach den Namen von Idolen, zweifelhaften Berühmtheiten aus der Regenbogenpresse, nach Comicfiguren und Fantasy-Helden, ja sogar nach dem Ort ihrer Zeugung benannt. Es scheint, als würden exzentrische Popstars und Party-Sternchen aus der High Society den Trend diktieren, doch sind es ausschließlich die Eltern, die sich dermaßen modischer Fremdbestimmung unterwerfen. Über ihre Beweggründe wäre lange zu spekulieren: Wollen sie sich über Kindernamen von der Norm abheben, steckt Protest gegen Konventionen dahinter, kompensieren sie erträumten, aber versagt gebliebenen Glamour, wie ihn einschlägige Magazine schönschreiben, oder ist es einfach nur Unbedachtheit? Warum wird so wenig an die Kinder gedacht, die zeitlebens zurechtkommen müssen mit ungelenken Verknüpfungen aus amerikanischen Vornamen und süddeutschen Nachnamen, die manchmal das Klischee eines jeden Bergbauernfilms übertreffen?

Die von der Bundesregierung geförderte, politisch aber unabhängige „Gesellschaft für deutsche Sprache" (GfdS) mit Sitz in Wiesbaden hat sich seit 1947 die Pflege und Erforschung der deutschen Sprache zur Aufgabe gemacht. Die Gesellschaft bietet auch Namenberatung an und orientiert sich bei ihren „Vornamenbestätigungen" an wesentlichen Grundsätzen: Das Kindeswohl steht an erster Stelle; das Geschlecht des Kindes muss eindeutig zu erkennen sein; ferner sollte der Vorname durch eine seriöse Quelle (wissenschaftliche Vornamenliteratur, amtliche Dokumente etc.) belegt werden können, und schließlich muss die Namensform den Vornamencharakter erkennen lassen. Was sich hier etwas „amtlich" liest, hat seinen Sinn in der täglichen Praxis, denn regelmäßig erreichen die Gesellschaft Anfragen zur „Vornamenbestätigung". Hierzu ein ausgewähltes Beispiel in gekürzter Fassung.

Anfrage: „Wir wollen unseren Jungen *Tiger* nennen." – Das Standesamt wollte diesem Wunsch nicht entsprechen, daher die Anfrage der Eltern an die GfdS mit folgender Begründung: „Auf einer Urlaubsreise in Spanien haben wir eine Familie aus den USA kennen gelernt, die einen Sohn mit dem Vornamen *Tiger* hat. Der derzeit beste Golfspieler der Welt heißt *Tiger Woods*..."

Antwort: „Wir [GfdS] haben über zwanzig englische und angloamerikanische Vornamenbücher durchgesehen, aber nur in einem [...] fanden wir einen Hinweis, dass *Tiger* in den Vereinigten Staaten gelegentlich („occasionally") als Vorname gebraucht wird. Als Beispiel wird ein Musiker namens Tiger Haynes genannt. Bei dem von Ihnen genannten Woods sind wir nicht sicher, ob *Tiger* sein echter, „amtlicher" Vorname ist oder nur ein ehrender Beiname." – Die GfdS bezweifelt, ob diese Hinweise für eine namensrechtliche Anerkennung in Deutschland genügen würden und bezieht sich auf das deutsche Namensrecht, das sich vom amerikanischen unterscheidet: „Danach sind bei uns Wörter des allgemeinen Sprachgebrauchs wie z. B. Tierbezeichnungen (*Pferd, Hund, Katze, Adler, Amsel* und eben auch *Tiger, Leopard, Panther*) als Vornamen nicht zugelassen." – In diesem Zusammenhang erwähnt die GfdS aus früherer Zeit überlieferte Personennamen wie *Wolf* oder lateinisch *Leo* (nicht Löwe, sondern nach jüdischer Tradition *Löw, Löb*), doch seien diese lange vor der rechtlichen Festlegung der Begriffe „Vorname" und „Familienname" entstanden und werden aus Gründen der Traditionspflege akzeptiert; daraus ließe sich aber keine allgemeine Anerkennung von Tiernamen als Vornamen ableiten. Als Kurzform von *Tigernachus* könne man *Tiger* jedenfalls nicht deuten. [Es folgt eine weitere Erklärung mit Quellenhinweisen]. Erwähnt wird u. a. der gälische Namen *Tighearnach* oder *Tighearnán* in seiner Bedeutung „königlich, (kleiner) König, Herrscher, Herr" mit dem Zusatz: „In diesem Namen steckt also gar nicht das Wort *Tiger*, es kann folglich auch nicht wie *Wolf* aus *Wolfram, Wolfgang, Wolfhard* usw. als selbständiges Element (Kurzform) abgetrennt werden. Außerdem wird *Tiger-* in diesem Namen nicht „taiger", sondern „tier" ausgesprochen." Ein weiterer Hinweis bezieht sich auf die englische Aussprache, die nicht automatisch mit der Eintragung in ein deutsches Geburtenbuch festgelegt ist: Schreibweise und Aussprache seinen nicht identisch, folglich müsse der Namensträger stets damit rechnen, dass er „auf Deutsch" angeredet würde, worin nach Ansicht der GfdS das größte Hindernis für die Übernahme eines amerikanischen Namens ins Deutsche liege. Die seriös beratenen, aber wahrscheinlich enttäuschten Eltern erhielten abschließend eine freundliche Empfehlung: „Auch bei Ablehnung bleibt Ihnen noch die Möglichkeit, Ihren Sohn im täglichen Umgang auf Englisch *Tiger* zu rufen, denn Kose- und Übernamen sind von den rechtlichen Regelungen nicht betroffen." (http://www.gfds.de/vornamen/beispielauskuenfte [21.12.2013])

Ähnliche Anfragen erreichten die „Gesellschaft für deutsche Sprache" auch für die Namen *Huckleberry*, der weder im Englischen noch im deutschen als Vorname anzusehen ist, und für *Cheyenne*, den Namen eines nordamerikanischen Indianerstammes und der Hauptstadt des amerikanischen Bundesstaates Wyoming, der sich nach deutschem Namensrecht und -brauch nicht als Vorname eignet. Denn als Vornamen dürfen keine Familiennamen, geographische Namen, Adelstitel usw. eingetragen werden.

Derlei Anfragen und Benennungsversuche gibt es wohl genügend, gleichwohl decken sie sich interessanterweise nicht mit der „Liste der beliebtesten Vornamen" der zurückliegenden Jahre. Nach dieser zählen zu den häufigsten Mädchennamen: Sophie / Sophia, Marie, Maria, Mia, Emma, Hanna, Anna, Johanna, Luisa, Lena; die männlichen Spitzenreiter sind: Maximilian, Alexander, Paul, Ben (Kurzform von Benedikt), Luca / Luka / Lukas, Louis, Elias, Felix, Leon und David. Offensichtlich legen viele Eltern Wert darauf, ihren Kindern symbolträchtige oder vertraute Namen zu geben. In den allermeisten Fällen schöpft man dabei bewusst oder unbewusst aus einem reichen christlichen Namensrepertoire, da es sich doch großenteils um Namen biblischer Personen und Heiliger handelt.

Das unterstreicht ein Gästebucheintrag auf Günter Grünwalds Homepage, mit dem sich am 12.8.2011 „Rosi" aus München zu Wort meldete: „Hallo, Günter, ich hab eben den Eintrag des Vaters gelesen, der sich über die Erwähnung der Namen seiner Kinder aufregt. [...] Meinen drei Söhnen hab ich Namen gegeben, die seit über 2000 Jahren nicht unmodern sind und immer noch schön klingen: Markus, Michael und Alexander!"

Ich nehme an, dass Rosi ihren Sohn Markus (weibl. Marcella) nach dem gleichnamigen Evangelisten taufen ließ. Dieser verfasste das nach ihm benannte Markusevangelium des Neuen Testaments, das kürzeste unter den vier Evangelien. Weil seine „Frohbotschaft" mit dem Bußprediger Johannes beginnt, dessen mutige Stimme sinnbildlich der eines Löwen glich, wurde der Löwe zu seinem Attribut. Der heilige Markus, das wissen Venedigurlauber, wird als der Schutzherr der Lagunenstadt verehrt, und manche Zünfte erwählen ihn zu ihrem Patron, u. a. die Maurer, Glasmaler, Notare und Schreiber. Sein Fest wird seit dem 12. Jahrhundert am 25. April gefeiert.

Der Name Alexander (weibl. Alexandra) heißt im Altgriechischen sinngemäß übersetzt „Beschützer". Alexander war ein römischer Märtyrer, den Kaiser Hadrian um seines christlichen Glaubens willen im Jahr 130 hinrichten ließ. Zusammen mit anderen Märtyrern bestattete man ihn an der antiken römischen Via Nomentana, wo das Grab erst 1855 entdeckt wurde. Sein Gedenktag wird mit dem des Bischofs Alexander I. von Rom am 3. Mai gefeiert.

Der Name Michael (weibl. Michaela) stammt aus dem Hebräischen und bedeutet „Wer ist wie Gott". Michael, im Koran *Mikal*, ist nach Gabriel und vor Raphael und Uriel der zweite der vier Erzengel. Er gilt als Bezwinger des Teufels in Gestalt eines Drachens und als Hüter des Paradiestores. Dargestellt wird er mit dem Flammenschwert stehend auf dem besiegten Drachen. Sein zweites Attribut, die Waage, weist ihn als „Seelenwäger" aus, der nach dem Volksglauben um die guten und schlechten Taten des Menschen weiß und die Seelen der Verstorbenen ins Jenseits geleitet. Seit der „Schlacht auf dem Lechfeld" im Jahr 955 genießt Michael große Verehrung als Schutzpatron des „Heiligen Römischen Reiches" und später Deutschlands. Sein Fest fällt auf den 29. September. Michael ist der Patron der Kirche, der Armen Seelen und wegen seiner Waage u. a. auch der Apotheker und Kaufleute.

Mich hat die Begegnung mit einem kleinen Jungen erfreut, der sich nach einem vormittäglichen Festvortrag zu mir ans Rednerpult vorwagte und vorstellte: „Ich bin Maxi. Ich heiße so wie Du: Maximilian. Aber meine Eltern und meine Schwester sagen Maxi zu mir. Hast Du auch am 12. Oktober Namenstag wie ich?" Ich bejahte, und er fügte hinzu: „Dann schreib ich Dir zum Namenstag eine Karte. Ich kann nämlich schon schreiben." Beeindruckt vom Mut, den das freundliche Bürschlein aufbrachte, trug ich seine Adresse und eine kurze Notiz in meinen Terminkalender ein. Am 10. Oktober steckte ich eine Namenstagskarte mit Glückwünschen und Grüßen in den Postkasten; sie kam ebenso pünktlich an, wie ich die meine erhielt.

Bis etwa 1960 war der Name Maximilian überwiegend in Bayern und Österreich verbreitet. Das mag damit zusammenhängen, dass der Namenspatron aus Cilli in der ehemaligen Steiermark, heute Celja in Slowenien, stammte. Maximilian war um die Mitte des 3. Jahrhunderts als Wanderbischof unterwegs, wurde der erste Bischof von Lorch (heute Oberösterreich) und wird auch „Maximilian vom Pongau" (heute Bundesland Salzburg) und „Apostel von Noricum" genannt. Noricum war eine Provinz des Römischen Reichs und umfasste das Gebiet Sloweniens, Österreichs sowie das angrenzende Bayern östlich des Inns. Das Grab des Heiligen befindet sich in der katholischen Pfarrkirche St. Maximilian in Bischofshofen im Pongau. Dieses spätgotische Gotteshaus über dem Heiligengrab wurde im 15. Jahrhundert errichtet; sein Vorgängerbau reicht aber bereits zurück bis in die Spätromanik. Von Bischofshofen aus gelangten die Gebeine des Heiligen nach Altötting; ein Teil dieser Reliquien wurde im 10. Jahrhundert in den Passauer Dom verbracht. Damit erhielt das Bistum Passau neben dem heiligen Valentin einen zweiten Diözesanpatron. Seinen Gedenktag begeht die Diözese alljährlich am 12. Oktober. Der Name Maximilian fand häufig bei den Wittelsbacher und Habsburger Fürstenfamilien Verwendung. Auch das erklärt seine Beliebtheit im bayerisch-österreichischen Donauraum. Seit den 1960er-Jahren hat er allerdings seine regionalen Grenzen überschritten, in den 1990er-Jahren rückte er mit zu den beliebtesten Vornamen in Deutschland auf. Diese Mode ist hingegen nicht der Grund, warum ich meinen Eltern für diesen altüberlieferten Vornamen dankbar bin. Er gefiel mir immer und nachdem ich mich mit besagtem Donauraum kulturell wie beruflich verbunden weiß, freut mich der Name umso mehr. Ich identifiziere mich damit, und mein kleiner Namenskollege „Maxi", von dem ich berichtet habe, scheint ebenso zufrieden zu sein. Vielen Menschen ergeht es leider anders, sie sind unglücklich mit der weitreichenden Entscheidung ihrer Eltern. Deshalb ist bei der Vornamenwahl Umsicht geboten; man trifft sie für einen anderen Menschen, der seinen Namen ein Leben lang trägt.

In den zurückliegenden Jahrzehnten sind die Namenstage von den ausgiebig gefeierten Kindergeburtstagen verdrängt worden – zu Unrecht, wie ich meine – denn der Vorname ist für die Identität eines Kindes von Bedeutung. Es soll wissen, dass es einen Tag im Jahr gibt, an dem es „seinen" Namen und seinen Namenspatron feiern darf. Daher ist es allemal ein identitätsstiftender Akt, die Tradition der Namenstage zu beleben und neben den Geburtstagen wieder zum Thema in den Familien zu machen. Lassen Sie diese Tage nicht einfach vorüberziehen, gönnen Sie sich und Ihren Lieben kleine Namenstagsfeiern. Das schafft sinnvolle Zäsuren und bringt Freude in den Alltag.

Von Heiligen und Festen umgeben

Wohin wir auch schauen, wir sind von Heiligen umgeben. Schon der erste Blick bei der morgendlichen Zeitungslektüre führt uns auf der Titelseite neben Wochentag und Datum zumeist auch einen „Tagesheiligen" vor Augen. In Radiobeiträgen wird frühmorgens vielfach auf Heiligen- bzw. Namenstage hingewiesen. Auf dem Weg zur Arbeit fahren wir vorbei an Plätzen, Krankenhäusern oder Stiften, die nach Heiligen benannt wurden, an Kirchen, die stets Heiligen geweiht sind, oder wir überqueren Brücken, welche der „Brückenheilige Nepomuk" schmückt. Wer offenen Auges seinen Heimatort durchstreift, entdeckt in Mauernischen von historischen Hausfassaden hie und da Schutz- bzw. Hauspatrone, und sakrale Klein- und Großdenkmale mit Heiligenbildnissen überziehen Stadt und Land. Nicht selten finden wir in Kalendern, die wir regelmäßig benutzen, Namenstage eingetragen, und wir verkehren täglich mit Menschen, welche Namen heiliger Patrone tragen. Noch immer gibt es Heiligengedenktage, die besonders gefeiert werden. All das und vieles mehr ist Ausdruck einer 2000-jährigen, christlich-abendländischen Kultur, die einen reichhaltigen Kult mit zahllosen Heiligen hervorbrachte. Diese Kultur erlebt derzeit zwar eine Krise, die sich regional unterschiedlich auswirkt, aber sie kann von keiner noch so säkularen oder atheistischen Überzeugung vom Tisch gewischt werden. Eine Kultur, in die man buchstäblich hineingeboren wird, lässt sich nicht gänzlich ignorieren oder einfach ablegen wie ein alter Mantel.

Zweifellos bewirkte ein „Staatsatheismus", wie er nicht nur in der ehemaligen DDR zur geltenden Fortschrittsdoktrin erhoben wurde, eine anhaltende Abkehr von gelebter Religiosität, aber es darf bezweifelt werden, ob die Welt dadurch kultivierter, klüger, besser oder schöner geworden ist. All die bereits demontierten Denkmale von menschenverachtenden, ja gottlosen Staatsführern und Diktatoren, die ihre Ideologie zum absoluten Maß erhoben, jedoch ihre Versprechen von einer besseren Welt schuldig blieben, geben eine Antwort darauf.

Der Mensch dagegen ist „unheilbar religiös". „Religion" liege, so der Religionswissenschaftler Norbert Scholl, in den Tiefenschichten der menschlichen Psyche verankert. Dies erkläre, dass selbst intensive atheistische „Aufklärungsarbeit" die Religiosität des Menschen nicht auslöschen könne – „mögen die Ausdrucksformen wechseln, mag sich Religion in Verzerrungen und Entstellung, in vielerlei Varianten und Erscheinungsformen äußern, mag sie über weite Zeitläufe verschüttet und wie tot erscheinen." (Scholl 2013, S. 48 / 49)

Den überzeugenden und sichtbaren Beweis für eine unerschütterliche Frömmigkeit liefern die zahlreichen heiligen Stätten samt ihrer Heiligtümer, die, rund um den Globus verstreut, verehrt werden, gleich welchen Religionen und Kulturen sie entspringen. Religiös und ethisch vollkommene Menschen, die durch beispielhafte Taten oder aufgrund übernatürlicher Phänomene, die man ihnen zuschreibt, als Heilige bezeichnet werden und posthume kultische Verehrung erfahren, gibt es in allen Weltreligionen.

Der christliche Heiligenkult spiegelt sich vor allem in den Heiligenfesten, die in den thematischen Ablauf des Kirchenjahres eingefügt sind. Dieses umfasst zwei Zyklen: erstens das „Herrenjahr", das sind die Hauptfeste Weihnachten und Ostern einschließlich Pfingsten, sowie einige andere, die sich am Leben und Sterben Christi orientieren; zweitens den „Heiligenkalender", der die gebotenen (= liturgisch verpflichtenden) und nicht gebotenen Fest- und Gedenktage der Heiligen im Jahreskreis enthält.

Darüber hinaus finden Heiligentage auch außerhalb der Liturgie Beachtung: Wer auf den / die Heilige / n des Tages getauft wurde, kann Namenstag feiern.

Im bäuerlichen Jahr wollte man in den Heiligentagen sogenannte „Lostage" erkennen, an denen sich ein Blick in die Zukunft eröffnete oder das Wetter offenbarte. Dieser „Volksglaube" war übrigens keine Erfindung des „einfachen Volkes". Dass die Gestirne das Wetter beeinflussen würden, galt über Jahrhunderte hinweg als höchst offizielle Ansicht von Kirchenvätern und Astrologen. Lostage, nach denen man wetterabhängige Tätigkeiten verrichtete wie etwa die Aussaat, kannte man schon in der Antike. Dieses Wissen pflegten zuerst die Araber, bis es jüdische Übersetzer dem christlichen Europa überlieferten. Hier wandelte man die gereimten Weisheiten um und bezog sie auf die Gedenktage von Heiligen. Schließlich flossen die Reime in die gedruckten „Bauernpraktiken" ein, welche ab dem 16. Jahrhundert zum landläufigen Bildungsgut gehörten. Auf diese Weise verbreitete sich die populäre Wetterkunde, die trotz der heutigen, präzisen Meteorologie noch ihre Anhänger findet. Freilich schwingt bei dieser Art der Wettervorhersage wohl die nostalgische Sehnsucht nach einem von der Natur bestimmten Lebens- und Arbeitsrhythmus ohne Hightech und Alltagshektik mit. Aber warum sollte alles Denken, Fühlen und Handeln stets nur auf rein rationalen Erkenntnissen beruhen? Lässt es sich vielleicht rational begründen, warum uns manche Kunstwerke, Musikstücke oder Naturerlebnisse berühren? Das folgende Dutzend Wetterregeln bietet lediglich eine kleine Auswahl aus einer schier unüberschaubaren Anzahl von Spruchweisheiten. Sie mögen aus heutiger Sicht naiv erscheinen, aber worauf sonst hätten sich die Nahrungsmittel produzierenden Menschen in vortechnischen Jahrhunderten stützen sollen? Begeisterte „Gartler" vertrauen noch gerne darauf.

22. Januar, St. Vinzenz:
Wie das Wetter um Vinzenz war,
wird es sein das ganze Jahr.

6. Februar, St. Dorothee:
Bringt St. Dorothee recht viel Schnee,
bringt der Sommer uns viel Klee.

19. März, St. Josef:
Josefi licht und klar
gibt ein gutes Honigjahr.

23. April, St. Georg:
Wenn vor Georgi Regen fehlt,
wird man hernach damit gequält.

16. Mai, St. Nepomuk:
Der Nepomuk uns das Wasser macht,
dass ein gutes Frühjahr lacht.

24. Juni, Johannes der Täufer:
Wie das Wetter an Johanni war,
so bleibt es 40 Tage gar.

8. Juli, St. Kilian:
Der heilige St. Kilian
stellt die ersten Schnitter an.

4. August, St. Dominikus:
Hitze an St. Dominikus –
ein strenger Winter kommen muss.

15. September, St. Ludmilla:
St. Ludmilla, das fromme Kind,
bringt Regen gern und Wind.

14. Oktober, St. Burkhard:
St. Burkhardi Sonnenschein
schüttet Zucker in den Wein.

30. November, St. Andreas:
Hält Andrä den Schnee zurück,
schenkt er reiches Saatenglück.

4. Dezember, St. Barbara:
Barbara im weißen Kleid
verkündet eine gute Sommerzeit.

Skeptischen Aufklärern, die sich über soviel Einfalt echauffieren und in solchen und ähnlichen Sprüchen nur Humbug erblicken, kontern überzeugte Wetterbeobachter augenzwinkernd mit einer anderen Weisheit: „Seit sich die Bauern nicht mehr an die Zehn Gebote halten, hält sich der Herrgott nicht mehr an die Wetterregeln!" – Man soll schließlich nicht alles „bierernst" nehmen.

Im profanen Brauch sind Gedenktage an Heilige stets fröhlich und niemals fad abgelaufen. Viele Volksfeste, die manchmal im Laufe von Jahrhunderten ihre Ausweitung erfuhren und sich bis in die Gegenwart ungebrochenen Zulaufs erfreuen, entspringen Jahrmärkten und Verkaufsdulten, die anlässlich von Heiligenfesten und Kirchweihen abgehalten wurden. Auf diese Weise fand der liturgische Brauch seine profane Ergänzung. „Dult" ist eine in Bayern gebräuchliche Bezeichnung für Messe oder Jahrmarkt; diese fanden ursprünglich meist auf und um den Kirchplatz herum statt und erfüllten in Zeiten ohne Warenhäuser und Versandhandel einen wichtigen Zweck: Wie auch bei den Weihnachts- oder Christkindlmärkten konnte die Bevölkerung an bestimmten Markttagen im Jahr, die an Heiligengedenktage gekoppelt waren, ihren Bedarf an notwendigen Waren – Kleidung, Schuhwerk, Geschirr, Werkzeug, besondere Esswaren, Gewürze, Spezereien etc. – decken.

Mir fällt in diesem Zusammenhang die Kritik eines jungen Pärchens ein: Es bemängelte das Warenangebot der Fieranten beim Landshuter Christkindlmarkt, das ihrer Meinung nach nicht zu Weihnachten passte. Aus seinem Bewusstsein permanent garantierter Konsumbefriedigung heraus hatte dieses Paar den ursprünglichen Sinn und Zweck solcher Märkte vollkommen verkannt.

Selbstverständlich ändern sich die Zeiten, und die Gründe, warum man heute Märkte und Volksfeste besucht, mögen andere sein als früher, doch dem Charme traditioneller Dulten erliegen viele von uns nach wie vor.

Die wohl populärste Dult in Bayern findet dreimal jährlich im Münchner Stadtviertel Au am Mariahilfplatz statt; es ist die „Auer Dult", die im Frühjahr als Maidult, im Sommer als „Jakobidult" (St. Jakob, 25. Juli) und im Herbst als Kirchweihdult abgehalten wird. Die „Jakobidult" lässt sich auf dem heutigen Sankt-Jakobs-Platz bis in das Jahr 1310 zurückverfolgen, ehe sie Kurfürst Karl Theodor 1796 in den Vorort Au verlegen ließ. Der „Auer Dult" ist mittlerweile ein großer Kunst- und Antiquitätenmarkt angegliedert; ferner gilt sie als größter Geschirrmarkt Europas.

Auch anderen Städten sind neben ihren Oster- und Pfingstdulten ihre Herbstdulten und Kirchweihfeste buchstäblich „heilig", z. B. den Augsburgern seit 1276 die Michaelidult (St. Michael, 29. September), den Landshutern seit 1339 die „Bartlmädult" (St. Batholomäus, 24. August) oder den Salzburgern der ebenfalls seit dem Mittelalter gefeierte „Rupertikirtag" (St. Rupert, 24. September). Genauso halten viele kleinere Städte und Orte regelmäßig im Jahr ihre traditionellen Frühjahrs- und Herbstdulten ab. Volksfeste, Kirmessen („Kirchmesse"), Dulten und Märkte zählen zu den beliebtesten Freizeitangeboten in Deutschland. Knapp 10.000 solcher Feste mit weit über 170 Millionen Besuchern soll es jährlich bundesweit geben. Es ist bemerkenswert, wie viele davon aus der Tradition von Warenmärkten an christlichen Heiligengedenktagen hervorgegangen sind.

Unsere moderne Gesellschaft mit ihren veränderten Arbeits- und Lebenswelten musste viele Traditionen der alten Agrarkultur hinter sich lassen. Umso erstaunlicher ist es, dass diese von Kulturpessimisten als „traditionsfern" kritisierte Bevölkerung dennoch im einen oder anderen Fall an überlieferten Bräuchen festhält, sie anpasst oder ganz unbeschwert von „statutengläubiger Brauchtumsdogmatik" neu für sich entdeckt und formt.

Wenn Menschen Zuneigung zueinander finden, erfreuen sie sich gegenseitig mit Geschenken – nicht nur an Weihnachten, Geburts-, Namens- oder Jahrtagen. Der Brauch, sich auch am 14. Februar, dem Tag des Heiligen Valentin, zu beschenken, kam in Deutschland nach dem Zweiten Weltkrieg auf. Ursprünglich soll dieses Ritual aus den angelsächsischen Ländern stammen und dort seit dem 15. Jahrhundert bezeugt sein; durch englische Auswanderer gelangte der Brauch nach Amerika, und von dort aus erreichte er nach dem Zweiten Weltkrieg durch die US-Soldaten das europäische Festland. Üblicherweise werden am 14. Februar die Frauen von ihren Männer mit Blumen bedacht, sodass der Valentinstag neben dem Muttertag und dem Allerheiligenfest mittlerweile zu einem der Hauptgeschäftstage für Gärtnereien und Blumenläden geworden ist. Aus dem offiziellen kirchlichen Kalender wurde der Heilige allerdings mit der Reform des römischen Generalkalenders im Jahr

1970 und der zwei Jahre später erfolgten Reform des Regionalkalenders für den deutschen Sprachraum getilgt. Dies geschah aus gutem Grund: Die Geschichte kennt nicht nur einen Valentin, sondern mehrere Heilige desselben Namens, was eine exakte Zuordnung erschwert. Dass es sich bei *dem* Hl. Valentin um einen in Rom begrabenen Priester-Märtyrer handelt, der im 3. Jahrhundert lebte, Bischof von Terni war und an einem 14. Februar enthauptet wurde, gilt nur als möglich. Lediglich eine Legende besagt, er hätte die von ihm getrauten Brautpaare mit Blumen aus seinem eigenen Garten beschenkt.

Trotz aller geschichtlichen Vorbehalte reagierte die Österreichische Bischofskonferenz 2008 auf den säkularen Valentinsbrauch beispielgebend: Sie bietet am Valentinstag kirchliche Segensfeiern in Gestalt von Wortgottesdiensten für Verlobte, Brautpaare und Ehepaare an. Damit erfährt der neue weltliche Brauch eine pastorale Abrundung.

Hingegen fest verankert sowohl im Kirchen- als auch im Jahresbrauchkalender ist „Johanni", das Hochfest der Geburt „Johannes des Täufers". Nach dem Lukasevangelium (Lk 1,36) ließ es sich auf den 24. Juni, also exakt sechs Monate vor Weihnachten, berechnen. Die Popularität des Heiligen und die ungebrochene Beliebtheit des Johannistags erklärt sich aus der Sommersonnwende, die in vielen Länder und Gegenden mit großen Johannisfeuern und fröhlichen Johannisfesten ausgiebig gefeiert wird.

Spätestens dann, wenn ihre Vorschulkinder den Kindergarten besuchen, werden Eltern, die sich bis dahin allen vermeintlich „abgestandenen" Traditionen fern glaubten, den Brauch zum Martinsfest miterleben. Gewiss beziehen Martinsumzug und -spiel ihren Stoff aus der alten Heiligengeschichte, aber in ihrer heutigen Form sind sie Erfindungen der Moderne, die erst in den vergangenen Jahrzehnten allgemeine Verbreitung gefunden haben. Martin von Tours war ein römischer Offizier und lebte im 4. Jahrhundert. Er nahm den christlichen Glauben an, ließ den Militärdienst hinter sich und entschied sich stattdessen für ein Leben als Mönch, Einsiedler und Missionar. Außerdem wirkte er als großer Wundertäter. Insbesondere zwei Legenden prägten den Martinsbrauch: Noch als Soldat soll Martin seine Nächstenliebe bewiesen haben, als er auf dem Pferd reitend seinen Offiziersmantel mit seinem Schwert teilte, um das abgetrennte Stück einem frierenden Bettler am Straßenrand zu überlassen. Diese Geste wurde zur populärsten künstlerischen Darstellung des Heiligen und lieferte den Kern des heutigen Martinsspiels. Der Brauch, an „Martini" eine „Martinsgans" zu kredenzen, geht auf eine zweite Legende zurück. Der Heilige soll sich in einem Gänsestall versteckt haben; er beabsichtigte seiner Wahl zum Bischof von Tours zu entgehen. Aber die Gänse verrieten ihn durch ihr lautes Geschnatter, sodass er entdeckt und zum Bischof geweiht werden konnte.

Beim Martinsumzug am Abend des 11. November bewegt sich eine große Kinderschar mit selbstgebastelten, symbolisch „die Dunkelheit erhellenden" Martinslaternen singend durch die Straßen bis hin zu jenem Platz, an dem als krönender Abschluss die Schlüsselszene, die „Mantelteilung", nachgespielt wird. Damit erschließt sich allen jungen und erwachsenen Teilnehmern die pädagogische bzw. katechetische Botschaft des heutigen Martinsbrauchs.

Von den Martinsbräuchen aus vorindustrieller Zeit ist kaum mehr etwas geblieben, das für die Gesellschaft des Informationszeitalters noch wirklich Sinn ergäbe. Auf den Bauernhöfen findet kein „Gesindewechsel" mehr statt und in den Dörfern sind die Viehhirten ausgestorben, die sich zum Abschluss des bäuerlichen Jahres an „Martini" mit der Überreichung der „Martinigerte" und dem Aufsagen eines Segensspruchs beim Bauern ihren Jahreslohn abholten. Darüber will auch das lärmende „Wolfauslassen" im Bayerischen Wald, die moderne folkloristische Variante eines Hirtenbrauchs, der einst den Schutz der Viehbestände bezweckte, nicht hinwegtäuschen. „Überlebt" hat die Martinsgans in der Bratröhre. Sie diente als Naturalabgabe am Martinstag, an dem üblicherweise auch die Pachten beglichen wurden. Nachdem am Tag danach die vierzigtägige vorweihnachtliche Fastenzeit begann, mussten Gans und alle Speisen, die dem Fastengebot unterlagen, verzehrt werden.

Gedenken und weiterdenken

Der November wird im Volksmund als „Totenmonat" bezeichnet; seine Feiertage sind dem Gedenken und der Besinnung gewidmet. Der Monat beginnt mit Allerheiligen und Allerseelen am 1. und 2. November, den traditionellen christlichen Gedenktagen für die Verstorbenen. Außerdem feiert die evangelische Kirche tags zuvor, am 31. Oktober, den Reformationstag, der an Martin Luthers Thesenanschlag im Jahr 1517 erinnert. Seit dem 19. Jahrhundert begehen die Protestanten den Buß- und Bettag; er ist jeweils am Mittwoch vor dem Toten- oder Ewigkeitssonntag vorgesehen, dem letzten Sonntag im Kirchenjahr vor dem ersten Advent, mit dem das neue Kirchenjahr beginnt. Der Buß- und Bettag ist also ein beweglicher Feiertag, er fällt frühestens auf den 16. November und spätestens auf den 22. November. Erst 1934 wurde er zum gesetzlichen Feiertag erhoben, während des Zweiten Weltkriegs verlegt, abgeschafft und danach wieder eingeführt. Ab den 1980er-Jahren hielt man ihn auch in katholischen Gegenden und somit einheitlich in der gesamten Bundesrepublik. Ab 1995 fiel dieser gesetzliche Feiertag der Finanzierung der Pflegeversicherung zum Opfer. Seit 1952 erinnert der Volkstrauertag als Tag der Mahnung am vorletzten Sonntag des Kirchenjahres an die Opfer von Kriegen und Gewaltherrschaft.

Allerheiligen stellt im Grunde genommen ein Freudenfest dar – allerdings nicht, weil arbeitsfrei ist. An diesem Feiertag wird aller Heiligen gedacht, für die es während des Kirchenjahres keinen eigenen Gedenktag gibt. Beide Feste, Allerheiligen und Allerseelen, gehen auf frühmittelalterliche Erinnerungsfeiern für die christlichen Märtyrer zurück. Das „Fest aller Heiligen" wird seit dem Jahr 835 gefeiert und erfuhr im Laufe der Jahrhunderte immer größere Bedeutung. Das Seelengedächtnis für alle übrigen im christlichen Glauben Verstorbenen wurde bereits am 2. November des Jahres 998 zum ersten Mal begangen und wenige Jahre später auf päpstlichen Erlass hin zur allgemeinen Feier erhoben.

Heute treffen sich die Familien an Allerheiligen und gedenken beim Kirchgang, Gräberbesuch und bei der Gräbersegnung den verstorbenen Verwandten und Freunden, die uns nach christlichem Glauben in die Seligkeit vorausgegangen sind. Einen Hinweis auf die geretteten Seelen erhalten die Kirchgänger bei der Allerheiligenmesse mit der Vision des Johannes aus der Offenbarung: „Danach sah ich eine große Menge Menschen, so viele, dass keiner sie zählen konnte. Es waren Menschen aus allen Nationen, Stämmen, Völkern und Sprachen. Sie standen in weißen Kleidern vor dem Thron und dem Lamm und hielten Palmzweige in den Händen." (Offb 7,9) Hier ist offensichtlich die Rede von der Auferstehung und einem Leben nach dem Tod, der zentralen Botschaft des Christentums.

An eine Wiedergeburt glauben 24 Prozent aller Deutschen, wie DER SPIEGEL vom 21.12.2013 berichtete. Politisch betrachtet käme damit keine regierungsfähige Mehrheit zustande, aber das spielt in diesem Zusammenhang keine Rolle. Die Kirche und ihre gläubigen Christen halten sich an die Worte Jesu aus dem Matthäus-Evangelium: „Denn wo zwei oder drei in meinem Namen zusammenkommen, da bin ich selbst in ihrer Mitte." (Mt 18,20) Andererseits glauben dem Spiegel-Artikel zufolge 52 Prozent in der deutschen Bevölkerung an Wunder, 38 Prozent an

Engel, und 54 Prozent der Westdeutschen sowie 23 Prozent der Ostdeutschen glauben, „dass Gott, Gottheiten oder etwas Göttliches existieren." Das mögen die christlichen Kirchen so nicht billigen, aber es sind immerhin Hinweise auf eine vorhandene Religiosität der Menschen. Sie benötigen plausible Erläuterungen und praktikable Rituale zur Pflege des Kults. Darum ging es von der ersten Seite an auch in diesem Buch über christliche Bräuche und Traditionen, die außerhalb der Liturgie mitunter ein fröhliches Eigenleben entwickelten. Der „Kirchenglaube ist etwas für Experten, kompliziert, wenig anschaulich, bürokratisch", urteilt DER SPIEGEL. Aber Religionsforscher, Kirchenhistoriker und Psychologen stimmen darin überein, dass der Mensch von Natur aus empfänglich sei für Magie und Übersinnliches. In religiösen Traditionen fließt vieles davon ineinander, wie wir gesehen haben. Dass diesen Volksglauben am ehesten die katholische Kirche zu nutzen verstand, bestätigt selbst DER SPIEGEL. (Nr. 52/2013, S. 114.); trotzdem lässt auch sie so manche Chance ungenutzt vorüberziehen.

Ablehnung und Hilflosigkeit bei den Amtskirchen ebenso wie bei den Hütern „echten" Volksbrauchs dominieren den Umgang mit neuen Brauchphänomenen. „Halloween" ist in diesem Zusammenhang für Kritiker und Gegner des Spektakels zu einem Reizwort der Jahrtausendwende geworden. Die Emotionen kochen hoch: Während die einen okkultistische Praktiken dahinter vermuten und das Ereignis „verteufeln", fordern andere sein Verbot, weil es sich um keinen einheimischen Brauch handle. Als ob man Eigenartiges, das sich im freien Spiel der Kräfte über einen gewissen Zeitraum hinweg verfestigte, jemals verhindern konnte? Wer vermöchte derartige Verbote aussprechen, ohne sich der Lächerlichkeit preiszugeben, wer wollte sie ernsthaft befolgen und wer darüber wachen? Es kann weder amtliche, allgemein verbindliche Brauchstatuten geben noch eine Art „Brauchtumspolizei" – und beides benötigt auch niemand.

Solches Ansinnen ist weltfremd und Ausdruck aller damit kompensierter Unsicherheit. Als hilfreicher erweisen sich allemal die Analyse und Interpretation des Brauchs sowie seine mögliche, dem Allerheiligenfest angemessene Sinngebung und Integration.

Halloween stammt aus Irland und Schottland, es ist also ein ursprünglich iroschottischer und kein amerikanischer Brauch. Die Mär, dass es sich dabei um ein keltisches Totenfest handelte, entsprießt allerdings der Einbildung mythologiefreudigen Wunschdenkens und konnte, wie so oft, nie überzeugend nachgewiesen werden; sie ist daher völlig haltlos und gilt als überholt. Den weitaus konkreteren Hinweis liefert uns der Name selbst. *Halloween* ist eine englische Wortzusammenziehung und sprachliche Verschleifung von *all hallows' evening*, das übersetzt „aller Heiligen Abend" heißt. Damit erschließt sich die begriffliche Verbindung zum Heiligen- und Totengedenktag. Die erfundenen Halloweengespenster und Gruselgestalten sind eine moderne bildliche Übertragung.

Mit den Auswanderern gelangte der Brauch im 19. Jahrhundert von den britischen Inseln nach Amerika. Erst hier erfuhr er im 20. Jahrhundert die besagte Umformung und eine weitere Ergänzung. Denn die heutigen, großen (amerikanischen) Kürbislaternen ersetzten die einst kleinen Steckrüben- und Kartoffellampen, die sich auf eine irische Sage beziehen:

Ein Hufschmied und Säufer namens Jack soll den Teufel überlistet haben. Er versprach dem Beelzebub seine Seele, um der beste Hufschmied weit und breit zu werden, aber als der höllische Verführer diese einforderte, überlistete ihn Jack. Er lockte ihn auf einen Baum, ritzte dort kurzerhand ein Kreuz ein und bannte damit den Teufel solange, bis dieser auf Jacks Seele verzichtete. Wegen seines unsoliden Lebenswandels und seiner List durfte Jack nach seinem Tod nicht in den Himmel, und sogar der geprellte Teufel wies ihn ab. Damit der Sünder jedoch nicht auf ewig in der Finsternis wandern musste, gab ihm der Teufel ein Stück Kohle aus den Höllengluten. Diese steckte Jack in eine ausgehöhlte Rübe und streift damit seither als sagenhafter Untoter umher.

Aus der Sage resultiert nicht nur die sogenannte „Jack o' Lantern" mit der ausgeschnitzten Fratze, die heute zur festen Ausstattung eines jeden Halloween-Abends gehört. Die tragische Sagengestalt des untoten Jack beflügelte überdies die Phantasie der Amerikaner. Der kreative Horrorfilmemachers John Carpenter produzierte ab den späten 1970er-Jahren seine Halloween-Trilogie: 1978 Halloween I, 1981 Halloween II und 1982 Halloween III. Auf die dadurch ausgelöste Welle sprangen Scherzartikel- und Kostümhersteller, Partyorganisatoren und Eventmanager auf. Der Kult, der sich daraus entwickelte, schwappte beinahe zeitgleich von Amerika auf das europäische Festland über. Hier fiel er auf fruchtbaren Boden bei einer Spaßgeneration, der Faschingsbräuche zu spießig, religiöse Rituale zu fromm und Gedenktage zu langweilig erschienen. Ihre Lust auf Selbstinszenierung und Maskerade befriedigte Halloween. Von Teufelsanbetung und Hexensabbat, wie manche Kleriker mutmaßten, kann keine Rede sein. Es handelt sich um bloße ausgelassene Spielerei. Zweifelsohne hat dieses moderne Halloween nichts mehr mit *all hallows' evening*, mit Allerheiligen, zu tun, selbst wenn es sich davon ableitet und am Vorabend zeitnah stattfindet. Es ist eine amerikanische Imitation, und es bleibt eine Tatsache, dass Bräuche wandern, kopiert werden und ein Eigenleben entwickeln – ähnlich wie der vor einem Jahrhundert in Amerika ins Leben gerufene *Mother's Day* (Muttertag) und der vor gut 60 Jahren von den US-Soldaten importierte Valentinstag.

Wie die ungeliebten amerikanischen Halloweengestalten, so sind allerdings auch die gruseligen bayerisch-alpenländischen Perchten nichts anderes als reine Sagengestalten und in ihrem Erscheinungsbild spektakuläre Erfindungen der Nachkriegsjahrzehnte. Im Laufe ihrer jungen Geschichte redete man sie lediglich alt und stilisierte sie damit zu wertvollen Bräuchen.

Eine aktuelle Meldung der Landshuter Zeitung vom 2. Januar 2014 unter der schaurigen Überschrift „Drudenhax und Teufelsfratz" berichtet vom freudig-unbekümmerten Umgang mit „lebendig gemachten" Raunachtsfiguren im Landshuter Raum. Nach einem Besuch der Deggendorfer Raunacht, so erfährt man, habe sich 2005 die [...] Perchtengruppe zusammen gefunden. Der Gruppengründer und begeisterte Hobbyschnitzer fertigte die notwendigen Masken und kreierte zu den bekannten Larven neue: einen „Feuerteufel", eine „Wetterhex" und eine „Kräuterhex". „So entstand mit der Zeit eine ansehbare, etwas furchterregende Gruppe, die den Raunachtsbrauch mit seinen Mythen und Geistern wieder zum Leben erweckt hat", weiß die Entstehungsgeschichte. Während der Vorführungen werden die Gestalten eigens vom Heimatpoeten erläutert, der auf die Frage nach der Authentizität des Dargebotenen diplomatisch antwortet: „Ja mei, nix gwiss woaß ma hoit net." Das spielt weder eine Rolle noch tut es dem Erfolg der Gruppe Abbruch: „Nach jedem Auftritt folgen neue Buchungen. Man trat auf mehreren Weihnachtsmärkten im Landkreis auf und wurde zu Firmenfesten gebeten."

Ausübende wie Zuschauer haben ihre Freude an solchen Vorführungen: Niemand empfindet derartige Gruselmaskengaudi als Ärgernis, weil sie in eine vergessene Tradition eingebettet erscheint, die pseudowissenschaftliche Spekulationen virtuos untermauern. Zur vermeintlichen „Legitimation" derlei folkloristischer Schauspiele braucht es indes die Aura des Altehrwürdigen ebenso wenig wie ein „Echtheitszertifikat"; dazu würde der eingeräumte Spaß an der farbenfrohen Inszenierung als ehrliche Begründung vollkommen ausreichen.

An Halloween treten nun als Gruselmonster und Skelette verkleidete Kinder und Jugendliche vor die Haustüren, die alles andere als furchterregend anmuten. Sie wollen Süßigkeiten erheischen und sagen dazu einen entsprechend genormten Spruch auf: *Trick or Treat* bzw. „Süßes oder Saures / Streiche". Sie üben also nichts anderes als einen Heischebrauch aus. Dieses Ritual kennt man hierzulande noch mancherorts von den „Klöpflern" im Advent, von den Neujahranbläsern zum Jahreswechsel, auf jeden Fall von Sternsingern vor Dreikönig oder gebietsweise von pfingstlichen Wasservogelsängern. In Ungnade ist der aus Übersee eingeführte Halloween-Heischebrauch zusätzlich gefallen, weil die Streiche gelegentlich in Sachbeschädigung ausarteten, was in sogenannten „Freinächten" während der Walpurgisnacht und der Pfingstnacht häufig passierte. So etwas ist ärgerlich und wird keinem Brauch gerecht. Aber in der Regel ist von ausgelassenen, harmlosen „Halloweenern" nichts zu befürchten – die „Haberfeldtreiber" der einstigen ländlichen Rügegerichte waren gefährlich und gewaltbereit. Nichtsdestoweniger, wo alkoholisierte Jugendliche schweren Unfug treiben oder Schaden entsteht, ist dies keineswegs durch Berufung auf den Brauch zu billigen.

Alles in allem zeigt der amerikanische Import auffallende Parallelen zu einheimischen Bräuchen; er besitzt keine Elemente, die nicht auch hier vertraut wären. Wie bei so manchem touristischen Brauchevent lässt sich an Sinn und Aussage von Halloween zweifeln, aber der Untergang des Abendlandes steht deswegen nicht zu befürchten. Nach seiner Abschaffung zu trachten, gleicht einer Utopie. Stattdessen sollten pädagogische, kirchliche wie kulturelle Einrichtungen die Chance nutzen, den Brauch inhaltlich mit dem Allerheiligenfest zu verknüpfen und zu integrieren. Erste Versuche zeichnen sich ab; es wird folglich auch weitergedacht statt ausschließlich gemeckert, und das gibt Anlass zur Hoffnung. Warum sollte es beispielsweise nicht möglich sein, die Brauchausübenden am Allerheiligenvorabend in die Rolle der „Armen Seelen" schlüpfen zu lassen, die um Gedenken *und* Gaben bitten, nicht allein in Form von Süßigkeiten – bei den überlieferten Heischebräuchen waren von jeher Geldgaben im Spiel. In der jüngeren Vergangenheit dient ein Großteil davon guten Zwecken. Die Möglichkeiten sinnbezogener Verwendung sind unbegrenzt: Unterstützung der Armen und Hilfsbedürftigen, Speisen für die Tafel, ein Beitrag zur Friedhofsgestaltung oder zur Sanierung von Denkmalen für die Opfer von Krieg und Gewalt, um konkret beim Totengedenken anzuknüpfen. Solidarität darf, ja sie muss geübt werden, damit sie gelebt werden kann. Sie fällt Jugendlichen bestimmt leichter, wo sie sich angenommen und geleitet wissen und in behüteter Gemeinschaft ihre Freude an Bräuchen ausleben dürfen.

Nachwort

Das vorliegende Buch reiht sich ein in die bunte Palette der Literatur zum Thema Bräuche. Zugleich versteht es sich weder als nostalgische Rückblende auf eine vermeintlich bessere alte Zeit noch als komplexe wissenschaftliche Untersuchung. Es wurde weder mit romantischem Blick noch aus forscherisch distanzierter Perspektive heraus geschrieben. Ich beobachte Bräuche nicht nur, sondern sehe mich selbst als Nutzer dieser Traditionen, die ich das ganze Jahr hindurch als Bereicherung erlebe. Sie rhythmisieren den Jahreslauf mit sinngebenden Festzeiten und erholsamen Kontrapunkten, die ich im großen Kreis einer christlichen Gemeinschaft ebenso erlebe wie im kleinen einer wohlgesonnenen Familie, die sich an Feiertagen besonders gerne zusammenfindet. Das empfinde ich als Glück.

Wichtiger als eine vollständige Sammlung mit Regionalexotik erschien mir ein handliches Gebrauchsbuch über allgemein verbreitete Bräuche und Traditionen. Dieses Allgemeingut ist weniger aufsehenerregend als inszenierte Schaubräuche, jedoch bildet es den verbindenden Rahmen unseres jährlich wiederkehrenden kulturellen Kreislaufs. Seine Bräuche, gemeinsamen Rituale und festen Verhaltensmuster schaffen Sicherheit – laut moderner Psychologie der wichtigste Faktor von Geborgenheit, die für jeden Menschen von Bedeutung ist. Insbesondere Kinder und Heranwachsende können dadurch Urvertrauen in das Leben entwickeln. Das verleiht ihnen emotionale Stabilität und stärkt sie für die Herausforderungen des Alltags.

Ich habe mich um eine verständliche Sprache und Darlegung der Zusammenhänge bemüht. Wenn mein Buch zu mancher Erkenntnis verhilft, Anregungen gibt sowie zum Nach- oder Weiterdenken, ja zur Ausübung animiert, bin ich mehr als zufrieden. Wer Bräuche pflegt, ist nicht einsam.

Und denken Sie daran, Bräuche und Traditionen sind nicht in Zement gegossen; sie dienen der Gemeinschaft und dürfen sich auch wandeln. Nur so bleiben sie funktionstüchtig.

Die Ansicht, Defizite erkannt zu haben, war eine weitere Motivation, dieses Buch zu schreiben. Die heimatorientierte Brauchtumsliteratur sowie -pflege hat sich vorzugsweise auf die Erinnerung an bäuerliche Bräuche und Kulturgüter konzentriert. Ich betrachte diesen Ansatz und seine Absicht als gescheitert, weil dabei der wirtschaftliche, gesellschaftliche und kulturelle Strukturwandel weitgehend ausgeblendet wurde. Weniger als drei Prozent unserer Bevölkerung arbeiten noch in der modernen Landwirtschaft. Wo sich die Rahmenbedingungen binnen weniger Jahrzehnte derart drastisch veränderten, nutzen keine gutgemeinten Wiederbelebungsversuche von Brauchtümern einer überlebten vorindustriellen Agrarkultur. Nostalgische Freizeitbeschäftigung ist zwar eine Kulturtechnik zur Kompensation von Veränderungsprozessen; sie mag auch eine hilflose Kritik an der Moderne sein, jedoch bietet sie so keine Lösungen. Das wiederum ist eine Aufgabe der berufenen Kultur- und Heimatpflege. Sie darf ihren Auftrag nicht durch eine Flucht in die Vergangenheit oder Verweigerungshaltung gegenüber neuen Kulturphänomenen erfüllen. Ihre Bestimmung setzt die wertfreie Beschäftigung mit dem unabänderlichen Wandel und seinen Auswirkungen voraus. Nur so können entsprechende Schlüsse gezogen werden. Daraus resultiert eine kulturpflegerische Kernkompetenz: die zeitgemäße Interpretation und alltagstaugliche Integration von Bräuchen. Es gilt Perspektiven aufzuzeigen, die den Menschen auch in einer globalisierten Welt Heimat und Identität ermöglichen. *Eine* Option bietet nach wie vor die christliche Kultur. Sie war stets global organisiert, ihre Bräuche und Traditionen aber weisen regionale Gestalt auf und funktionieren stände-, schichten- und generationenübergreifend.

Literatur

Bayerisches Nationalmuseum / Adalbert Stifter Verein (Hg.): Wallfahrt kennt keine Grenzen. Ausstellungskatalog. München 1984.

Becker, Udo: Lexikon der Symbole. Hamburg 2012.

Becker-Huberti, Manfred: Lexikon der Bräuche und Feste. Freiburg u. a. 2001³.

Ders.: Die Heiligen Drei Könige. Geschichten, Legenden und Bräuche. Köln 2005.

Bieger, Eckhard: Die Feste im Kirchenjahr. Entstehung, Bedeutung, Brauchtum. Leipzig o. J.

Brauneck, Manfred: Die Welt als Bühne. Geschichte des europäischen Theaters. Bd. 1. Stuttgart / Weimar 1993.

Bucherberger, Michael (Hg.): Lexikon für Theologie und Kirche. 2 Bde. Freiburg. i. Breisgau 1930.

Dehio, Georg: Handbuch der Deutschen Kunstdenkmäler. Bd. II: Niederbayern. Darmstadt 1988.

Der Musik-Brockhaus. Wiesbaden / Mainz 1982.

Deutsche Bibelgesellschaft Stuttgart: Die Bibel in heutigem Deutsch mit Bildern und Erklärungen. Stuttgart 1983.

Deutsches Sprichwörter-Lexikon. Herausgegeben von Karl Friedrich Wilhelm Wander. Fünf Bände. Augsburg 1987².

Die Regel des heiligen Benedikt. Herausgegeben im Auftrag der Salzburger Äbtekonferenz. Beuron 1990.

Ditfurth, Hoimar v.: Innenansichten eines Artgenossen. Düsseldorf 1989.

Duden. Etymologie. Herkunftswörterbuch der deutschen Sprache. Bd. 7. Mannheim u. a. 1989.

Eckert, Johannes OSB: Lebe, was du bist. Klug – gerecht – tapfer – maßvoll. Ein Brevier der Tugend. München 2005.

Erzbischöfliches Ordinariat München (Hg.): Gebete. Atem unserer Seele. München o. J.

Gaedemann, Claus: Ich habe immer Zeit. Zeitökologie. München 1997.

Grün, Anselm: 50 Rituale für das Leben. Freiburg im Breisgau 2009².

Hartinger, Walter: Religion und Brauch. Darmstadt 1992.

Hasenhüttl, Gotthold: Glaube ohne Denkverbote. Für eine humane Religion. Darmstadt 2012.

Heinz-Mohr, Gerd: Lexikon der Symbole. Bilder und Zeichen der christlichen Kunst. München 1992³.

Hengsbach, Friedhelm: Die Zukunft der Arbeit ist nicht ihr Ende. In: Orientierung 63 (1999), S. 13–15.

Henker, Michael / Eberhard Dünninger / Evamaria Brockhoff (Hg.): Hört, sehet, weint und liebt. Passionsspiele im alpenländischen Raum. Veröffentlichungen zur Bayerischen Geschichte und Kultur Nr. 20/90. München 1990.

Hofbauer, Josef: Ostbayern. Vom Leben und Brauchtum. Regensburg 1980.

Högl, Gabriele: Die Passionsspiele in Niederbayern und der Oberpfalz im 17. und 18. Jahrhundert. Diss. München o. J.

Holtei, Christa u. Tilman Michalski: Das große Familienbuch der Feste und Bräuche. o. O. 2005.

Käßmann, Margot: Mit Herzen, Mund und Händen. Spiritualität im Alltag leben. München 2012.

Küng, Hans: Unfehlbar? Eine Anfrage. Zürich / Einsiedeln / Köln 1970.

Lexikon für kirchliches Kunstgut, hg. v. Arbeitskreis für Inventarisation und Pflege des kirchlichen Kunstgutes. Regensburg 2010.

Lurker, Manfred: Wörterbuch der Symbolik. Stuttgart 1991.

Lütz, Manfred: Gott. Eine kleine Geschichte des Größten. München 2009.

Melchers, Erna und Hans: Das große Buch der Heiligen. Geschichte und Legende im Jahreslauf. München 1990[11].

Moser, Dietz-Rüdiger: Bräuche und Feste durch das ganze Jahr. Freiburg u. a. 2002.

Ortag, Peter: Christliche Kultur und Geschichte. Ein Überblick. Brandenburg 2008.

Sachs, Hannelore / Ernst Badstübner / Helga Neumann: Wörterbuch der christlichen Ikonographie. Regensburg 2005[9].

Sammer, Marianne: Zeit des Geistes. Studien zum Motiv der Herabkunft des Heiligen Geistes an Pfingsten in Literatur und Brauchtum. St. Ottilien 2001.

Scharfe, Martin / Martin Schmolze / Gertraud Schubert (Hg.): Wallfahrt – Tradition und Mode. Empirische Untersuchungen zur Aktualität von Volksfrömmigkeit. Tübingen 1985.

Scheurl-Defersdorf, Mechthild R. von: In der Sprache liegt die Kraft! Klar reden, besser leben. Freiburg im Breisgau 2008.

Schmidkunz, Walter u. a. (Hg.): Das leibhaftige Liederbuch. Wolfenbüttel 1938.

Scholl, Norbert: Jesus von Nazareth. Was wir wissen, was wir glauben können. Darmstadt 2012.

Ders.: Die großen Themen des christlichen Glaubens. Darmstadt 2013[2].

Seidl, Siegfried: Bäuerliche Volkskunst zwischen Isar und Bayerischem Wald. München 1982.

Thurn und Taxis, Gloria von / Alessandra Borghese: Unsere Umgangsformen. Die Welt der guten Sitten von A–Z. Niedernhausen / Ts. 2000.

Vossen, Rüdiger: Weihnachtsbräuche in aller Welt. Hamburg 1985.

Ders.: Höhle, Stall, Palast. Weihnachtskrippen der Völker. Hamburg 1990.

Wallnöfer, Elsbeth: Geraubte Traditionen. Wie die Nazis unserer Kultur verfälschten. Augsburg 2011.

Weber-Kellermann, Ingeborg: Saure Wochen, Frohe Feste. Fest und Alltag in der Sprache der Bräuche. München, Luzern 1985.

Wörner, Karl H.: Geschichte der Musik. Göttingen 1975[6].

Wolf, Notker: Aus heiterem Himmel. Einfälle und Eingebungen für das Leben hier unten. Reinbek 2008.